슬기로운
팩트체크

가짜뉴스 면역력을 키우는

슬기로운
팩트체크

정재철 지음

MABL
Books

추천사

정재철 기자는 자타공인 '팩트체크 전도사'라 불린다. 팩트체크라는 용어가 저널리즘 분야의 새로운 수행 양식으로 해외에서 막 움트고 있을 때 그 가치에 대해 일찌감치 주목했고 그것을 우리 맥락으로 옮기는 데 큰 역할을 했다. 그만큼 치밀하게 공부했고 치열하게 실천해왔다. 이 책 구석구석에 그간의 역정이 고스란히 배어 있다. 좁게는 팩트체크에 대한 전문적 가이드라인으로서, 그리고 넓게는 가짜뉴스 일반에 관련된 대중적 지침으로서 즉각 활용될 수 있는 장점을 지니고 있다.

이 책의 가장 큰 미덕은 풍부한 사례 제시에 있다. 저널리즘은 대단히 경험적인 분야다. 이론에 의해 선도되기보다는 현장에서 부딪히는 난제를 실용적으로 해결하는 데 초점을 맞출 수밖에 없다. 이 책에 포함된 수많은 사례는 우리가 마주해야 하는 가짜뉴스 문제가, 그리고 그것을 퇴치하는 팩트체크 작업이, 한두 가지 원칙만 알면 누구나 능숙히 다룰 수 있는 사안이 아님을 웅변한다. 우리가 코웃음 치는 가짜뉴스, 그리고 매우 질이 떨어지는 기사가 넘쳐나는 것은 사실이다. 그래서 많은 이들이 저널리즘을 조롱한다. 나는 '저런' 가짜뉴스에 속아 넘어가지 않을 거라 자신한다. 비전문가라도 금방 할 수 있는 일을 기자라는 이들이 어설프게 해내고, 심지어 스스로 가짜뉴스를 만드는 데 일조한다고 손가락질한다. 그러나 우리를 파고드는 교묘한 허위조작정보는 검지 두 개로 급조한 십자가를 들이대면 맥없이 허물어지는 삼류 흡혈귀같은 게 아니다. 그런 이들 대다수가 이 책이 언급한 바 있는 '유용한 바보'가 돼버리고 만다.

정재철 기자는 그렇다고 해서 사례의 무덤 앞으로 독자를 이끄는 데에서 멈추지 않는다. 세계 유수의 팩트체크 전문기관과 연구자들이 자신의 경험에 토대를 두어 이론화한 여러 원칙을 소개한다. 단순한 소개만으로 그치지도 않는다. 팩트체크 전도사로서 현실과 이론 사이를 부단히 왕복한 결과를 이해하기 쉬운 용어로 정리해준다. 일견 너무 많은 사례에 적잖은 원칙이 제시되다 보니 오히려 혼란을 느낄 독자도 없지는 않을 테다. 하지만 이들 사례를 관통하여 이 책이 제시하는 원칙은 비교적 단순하다. 자신의 구미에 맞게 모종의 감정적 반응을 자극하는 정보는 일단 의심하라. 출처를 살피라. 만약 확신할 수 없다면 판단을 유보하라. 우리는 상황을 파악할 수 없으면 불안해하는 존재다. 가짜뉴스는 그 불안을 파고들어 허위와 감정으로 정보의 공백을 메운다. 우리가 얻는 안심의 대가가 그만큼 치명적일 수 있다는 뜻이다.

전도사evangelist는 자신이 들은 '복음福音'을 전파하는 자이다. 복음은 '기쁜 소식good news'이다. 무엇이 기쁜 소식이란 걸까? 진리 그 자체일까? 아니다. 진리에 이르는 길이다. 흔히 "믿음으로 구원받는다"고 하지만, 신학자 자크 엘륄Jacques Ellul의 말처럼 "의심을 거친 믿음"이 구원의 기초다. 좀 더 정확히 말하면 진리로 향해가는 험난한 도정에 함께 하기로 결정함으로써 구원이 시작되는 것이다. 냉정하게 말하자면 팩트체크가 우리를 구원해주지는 않는다. 그러나 팩트체크의 필요성을 느꼈다는 것 자체가 중요한 시작이고, 그 울퉁불퉁한 길을 함께 걸어가는 공동체의 일원이 된다는 데 중요한 의미가 있다. 이 책은 그 초대장이다.

정준희
한양대학교 정보사회미디어학과 겸임교수 / TBS 〈정준희의 해시태그〉 진행자

....

정재철 기자는 국내 언론계에 팩트체크가 전혀 알려지지 않았을 때부터 팩트체크 확산에 앞장서온 선각자다. 팩트체크에 대한 그의 지속적인 탐구는 국내외를 넘나든다. 모범적인 최신 사례를 발빠르게 따라잡고 있다. 그의 부지런한 정리 덕분에 독자는 이 책의 어느 페이지를 펼쳐도, 허위정보를 가려내는 법, 올바르게 팩트체크할 수 있는 법에 대해 구체적이고 실행가능한 조언을 접할 수 있다.

정은령
서울대학교 언론정보연구소 SNU팩트체크센터장

들어가며

세계는 지금 허위조작정보 흔히 '가짜뉴스fake news'라 부르는 심각한 '독감'을 앓고 있습니다. 고열과 오한, 근육통 등을 동반한 독감처럼 빠른 전파력으로, 가짜뉴스는 많은 사람들의 정신을 병들게 합니다.

전문가들은 독감 예방을 위해 평소 위생관리를 잘 하는 것이 중요하다고 강조합니다. 독감은 기침이나 재채기 같은 호흡기 비말로 사람들에게 전파되기 때문입니다. 위생관리에 신경 써도 독감을 완전히 피하거나 막을 수는 없습니다. 때문에 백신으로 항체를 형성해 감염 위험을 줄이고 있습니다.

가짜뉴스도 마찬가지입니다. 전파 속도가 굉장히 빠릅니다. SNS나 소셜 미디어 같은 사람들 사이 네트워크로 전파돼, 호흡기로 옮아가는 독감과 비슷합니다. 일단 확산되면 회복에 상당한 시간과 노력이 필요하고, 큰 피해가 뒤따릅니다. 때론 많은 사람들의 목숨까지 위협합니다. 이 역시 해마다 많은 사람들이 목숨을 잃는 독감과 마찬가지입니다.

가짜뉴스를 극복하기 위해서는 다양한 주체의 노력이 필요합니다.

먼저 법적-제도적 장치를 마련하는 것은 정부당국이나 입법부의 역할입니다. 또 언론에서는 팩트체크 등 새로운 저널리즘 풍토를 만들어야 합니다. 네이버와 카카오 등 플랫폼 기업들과 소셜 미디어에서는 가짜뉴스가 무차별적으로 유통되지 않도록 대책을 마련해야 할 것입니다. 그리고 개개인은 미디어 리터러시[1] 등으로 저항력을 높여야 합니다. 이렇듯 우리사회 다양한 주체들이 가짜뉴스에 대해 좀 더 잘 알고 슬기롭게 대처하면 쉽게 속거나 당하지 않을 수 있습니다.

물론 고질적인 가짜뉴스를 완전히 뿌리 뽑는 것은 어쩌면 불가능할지도 모릅니다. 그렇다고 갈수록 심각해지는 가짜뉴스의 폐해를 외면해서는 안 됩니다. 가짜뉴스를 독감이나 코로나19 못지않은 위험으로 경계해야 합니다. 독감 예방에 철저한 위생관리가 필요하듯, 가짜뉴스 예방에도 '정보 위생'이 필요합니다.

또 한 가지. 독감을 극복하기 위해 세계 각국은 다양한 백신을 접종해왔고, 이는 코로나19 상황에도 마찬가지입니다. 그런데 가짜뉴스에는 왜 백신접종을 하지 않을까요. 한다면 어떤 백신을 맞아야 할까요. 이 책은 이런 작은 고민에서 시작했습니다. 일상생활에서의 '정보 위생'에서 출발해, 가짜뉴스에 대한 면역력을 키울 수 있는 백신 그리고 가짜뉴스를 이겨낼 치료제까지 다양한 고민을 담았습니다. 보다 많은 사람들이 가짜뉴스에 견딜 수 있는 항체가 생겨 디지털 면역력을 높일 수 있길 기대해 봅니다.

---

1 흔히 미디어 문해력으로 번역되는 미디어 리터러시(media literacy)에 대해 위키백과는 사람들이 미디어에 접근하고 비평하고 창조하거나 조작할 수 있도록 하는 관습들로 설명함. 미국의 미디어리터러시교육협회(National Association for Media Literacy Education)는 미디어 리터러시를 모든 유형의 소통을 사용해 접근, 분석, 평가, 제작, 행동하는 능력으로 정의함. 미디어를 읽고쓰는 능력 즉 문해력으로 번역되는 미디어 리터러시.

목차

1.
가짜뉴스,
그것이
알고 싶다

가짜뉴스
뿌리는?

질병을 예방하고 면역력을 키우려면 먼저 질병에 대해 정확하게 알아야 합니다. 가짜뉴스도 마찬가지입니다. 정확하게 진단해야 제대로 처방합니다.

가짜뉴스허위조작정보는 어느 날 갑자기 등장한 게 아닙니다. 오래전부터 다양한 목적과 의도로 생산·유포됐습니다. 정치적 의도나 경제적 이익을 위해, 때론 전쟁에서 전략·전술로써 거듭 진화해 왔습니다. 전쟁에 활용된 가짜뉴스는 이른바 '심리전'으로 포장됩니다. 유명한 《손자병법》도 마찬가지입니다. 정정당당한 싸움이 아니라, 상대를 속여 허점을 찌릅니다. 권모술수로 유명한 마키아벨리즘[2]도 다르지 않습니다.

문득 학창시절 배웠던 오래된 설화가 하나 떠오릅니다. 백제 무왕

---

2   마키아벨리즘(machiavellism)은 일반적으로 국가의 발전과 인민의 복리증진을 위해서는 어떠한 수단이나 방법도 허용된다는 국가 지상주의적인 정치 이념을 뜻함. 옥스퍼드 영어사전에서는 "국가의 운영이나 일반적인 행위에서 속임수와 표리부동한 방법을 동원하는 것"이라 설명.

의 이야기를 다룬 서동요입니다. 평민 출신으로 마를 캐서 파는 것을 생업으로 삼았던 백제의 서동이 신라 26대 진평왕의 셋째 딸인 선화공주를 사모했습니다. 그는 신라의 수도인 경주에 들어가 아이들에게 이 노래를 부르게 했습니다. 노랫말이 아주 고약합니다.

선화공주님은

남 몰래 사귀어

맛둥[薯童][3]도련님을

밤에 몰래 안고 간다

요즘으로 치면 거짓 정보로 가득한 유언비어이자 악의적인 가짜뉴스, 즉 '찌라시'라 할 수 있습니다. 그런데 이 소문이 사람들 입에 오르내리자 정권에 큰 부담이 됐습니다. 신하들은 왕에게 선화공주를 귀양 보낼 것을 강권했습니다. 그렇게 서동이 귀양 가는 선화공주의 길잡이를 하면서 인연을 맺어 백제 무왕이 됐다는 내용입니다.

설화는 권력을 잡은 사람을 중심으로 아름답게 포장되기 마련입니다. 그런데 이제는 시대가 바뀌었습니다. 가짜 소문 하나로 아름다운 인연을 맺어 왕위에 오르는 해피엔딩은 불가능합니다. 법적 처벌까지 받아야 하는 명백한 범죄행위인 것입니다.

●

3   서동=마동으로 '마를 캐는 아이'라는 뜻.

외국 사례도 크게 다르지 않습니다.

일부에선 6세기 비잔틴제국 시절 역사학자 프로코피우스의 저서《비밀 역사》에서 가짜뉴스의 뿌리를 찾기도 합니다. 하버드대 역사학자인 로버트 단턴은 프로코피우스가 당시 유스티니아누스 황제와 관련된 내용을 기록하고 비난하는 내용을 이 책에 담았다고 말합니다.

제이콥 솔 교수는 1475년 이탈리아에서 가짜뉴스의 기원을 찾습니다. 당시 수많은 유태인이 붙잡혀 고문을 당했는데, 그 배경에는 유태인들이 이탈리아 북부도시 트렌토에서 많은 유아를 잔인하게 납치·살해했다는 가짜뉴스가 있다는 겁니다. 이는 문자나 기록으로도 확인됩니다.

미국의 가짜뉴스 기원은 건국 이전으로 거슬러 올라갑니다. 1777년에 조지 워싱턴이 작성했다는 편지가 공개된 바 있습니다.

"우리가 (전쟁에서) 승리하는 것은 불가능하다. 나는 이에 대해 유감스럽다고 확실히 말할 수는 없다. 우리가 과연 전쟁에서 승리할 자격이 있는가에 대한 믿음이 전혀 없기 때문이다."

이처럼 충격적인 내용에도 불구하고 워싱턴은 10년 뒤인 1789년에 대통령이 됩니다. 그의 정적들은 이 편지를 인용하며 '워싱턴이 영국에 동조했다'고 주장했지만, 사실 이 편지는 가짜였습니다. 그럼에도 논란은 계속 확산됐습니다. 결국 워싱턴 대통령은 임기 말에 이 편지들이 "완전한 위조"라고 공식 발표했습니다. 여전히 편지의 출처는 알려지지 않았습니다.

19세기 말에는 윌리엄 랜돌프 허스트와 조셉 퓰리처 덕에 '황색 언론Yellow Paper'[4]이라는 말이 등장합니다. 그들은 자신이 소유한 언론 매체를 이용해 여론을 형성하고 특정 방향으로 몰아가며 많은 돈을 벌었습니다. 자극적이고 황당한 이야기들이 신문 앞면을 장식했습니다.

가짜뉴스는 심지어 스페인-미국 전쟁을 비롯한 정치적 의제를 주도하기도 했습니다. 1898년 2월 허스트의 〈뉴욕저널〉은 미국전함 메인호USS Maine의 침몰을 보도했습니다. '메인호의 침몰? 이는 적의 소행'이라며 제목부터 매우 자극적이었습니다. 전 국민의 분노를 불러일으키며 결국 여론이 전쟁 쪽으로 기울었지만, 정확한 침몰 원인은 아직도 규명되지 않았습니다. 이처럼 가짜뉴스는 그 뿌리가 깊고 오래됐습니다. 그런데 왜 최근 몇 년 사이 가짜뉴스가 전 세계적 이슈가 된 걸까요.

이는 달라진 미디어 환경 때문입니다. 전 세계를 장악한 거대 플랫폼 기업, 이제는 모두의 일상이 된 소셜 미디어, 그리고 스마트폰 확산 등이 맞물려 있습니다. 누구나 뉴스를 생산할 수 있고, 이를 순식간에 지구 반대편까지 전달할 수 있습니다. 다시 말해 전 지구가 가짜뉴스 영향권 아래에 있습니다. 피해 사례도 수없이 많습니다. 더 이상 가짜뉴스를 방치할 수 없는 상황입니다.

4 퓰리처는 1889년 〈뉴욕 월드〉 일요일판에 황색 옷을 입은 소년 《옐로 키드 (yellow kid)》를 게재했는데 이를 흉내낸 윌리엄 랜돌프 허스트의 〈뉴욕 저널〉과 치열한 선정주의(sensationalism) 경쟁을 전개함. 그 후 선정적 기사를 기재하는 신문을 옐로 프레스 (yellow press) 또는 옐로 페이퍼 (yellow paper)라 부르게 됨.

질병의 종류만큼 가짜뉴스도 다양한 형태로 나타납니다. 장난삼아 시작한 패러디부터 악의적으로 만든 고도의 가짜뉴스도 있습니다. 감기와 증상이 비슷한 독감이지만 원인도 처방도 전혀 다른 것과 같습니다. 전문가들에 따라 가짜뉴스에 대한 개념이나 정의가 조금씩 다른 것도 이 때문입니다. 통상적으로 가짜뉴스는 정치·경제적 목적으로 뉴스 형식을 빌려 만들어 낸 허위 정보를 의미합니다. 물론 이것도 완벽하게 합의된 내용은 아닙니다.

"허위의 사실관계를 고의적, 의도적으로 유포하기 위한 목적으로 기사 형식을 차용하여 작성한 것"(박아란, 2017)[5]

"상업적 또는 정치적 목적에서 타자를 속이려는 의도가 담긴 정보, 수용자가 허구임을

5 가짜뉴스에 대한 법률적 쟁점과 대책, Fake News(가짜뉴스) 개념과 대응 방안 세미나 발제문

오인하도록 언론보도의 양식을 띤 정보, 사실 검증이라는 저널리즘의 기능이 배제된 가운데 사실처럼 허위 포장된 정보"(황용석 권오성, 2017)[6]

"고의적 동기를 가지고 독자들을 기만하려고 날조한 가공의 기사들" (뉴욕타임스)

"뉴스를 가장하여 실제로 일어난 사건으로 보이도록 날조된 콘텐츠" (폴리티팩트)

"허위 정보는 경제적 이익을 얻거나 고의로 대중을 기만해 공익을 해치려고 생산 배포된 정보" (유럽연합)

전문가들은 ▶정치·경제적 의도를 갖고(의도성) ▶허위 사실을(허구성) ▶뉴스보도 형식을 빌어(형식성) 전달할 경우 가짜뉴스로 봅니다. 하지만 이견이 있습니다. 한국언론진흥재단의 도서《미디어는 어떻게 허위 정보에 속았는가》에는 아래와 같이 허위 정보와 관련된 다양한 용어가 등장합니다.

- 사실이 아닌 정보(false information) : 말 그대로 사실과 다른, 사실이 아닌 정보. 사람들을 속이려고 의도된 정보와 실수로 잘못 전달된 정보를 모두 포함한 포괄적 개념.
- 허위 정보(disinformation) : 사람들을 속이거나 오도할 의도를 가지고 고의적으로 조작된 정보.
- 잘못된 정보(misinformation) : 사실과 다른 정보지만, '의도치 않은 실수'로 생긴 잘못된 정보.
- 거짓(falsehood) : 거짓은 '사실이 아닌 정보'와 비슷하지만 전자는 사실이 아닌 상태에 초점을 둔 것이라면 후자는 '정보'에 초점을 둠.

6 가짜뉴스의 개념화와 규제수단에 관한 연구, 인터넷 서비스 사업자의 자율규제를 중심으로, 《언론과 법》, 16권 1호, 53~101.

- 거짓 장난(hoax): 의도적인 가짜 소문이나 허위 신고 등 부정적인 일이나 문제를 일으키기 위한 거짓말. 말 그대로 '장난'의 성격이 강하지만, 소셜 미디어에서 심각한 영향을 미치기도 해 자주 문제가 되는 가짜 정보.

또 다른 전문가인 퍼스트 드래프트의 클레어 워들 박사는 가짜뉴스를 크게 잘못된 정보Misinformation, 조작된 정보Disinformation, 악의적 정보Mal-information으로 나눕니다. 워들 박사는 이를 다시 그림과 같이 7가지 유형으로 세분화합니다.

허위 정보의 7가지 유형

풍자 혹은 패러디	호도하는 콘텐츠	사기성 콘텐츠	날조된 콘텐츠
해를 끼치려는 의도는 없지만 속일 가능성이 있을 때	정보를 오해하도록 만들어 어떤 이슈나 개인을 특정 관점으로 프레이밍할 때	진짜 취재원인 것처럼 흉내낼 때	새로운 콘텐츠가 100% 거짓이며, 남을 속이고 해를 끼치기 위해 만들어질 때

거짓 연결	거짓 맥락	조작된 콘텐츠
제목, 시각자료, 혹은 사진 설명이 콘텐츠 내용을 뒷받침해주지 못할 때	진짜 콘텐츠가 거짓 맥락의 정보와 함께 공유될 때	속이기 위해서 참된 정보나 이미지를 조작할 때

그런데 이게 전부가 아닙니다. 워들 박사는 가짜뉴스의 생산 동기에 따라 검증하는 좀 더 촘촘한 분류법 '7P'를 제시합니다. **빈약한 저널리즘**Poor Journalism, **패러디** Parody, **도발** Provoke **또는 들쑤시기**Punk, **열정** Passion, **당파심** Partisanship,

이윤 Profit, **정치적 영향력** Political Influence, **프로파간다** Propaganda 등입니다.

이처럼 7가지 가짜뉴스 유형과 생산 동기를 가로세로 축으로 놓고 종합적으로 분석하면 가짜뉴스에 대한 좀 더 다양한 매트릭스가 만들어집니다.

워들 박사는 이처럼 상세하게 분류하면서도 여전히 "가짜뉴스의 종류와 생성되는 동기만 봐서는 안 된다"고 조언합니다. 가짜뉴스가 유통되는 방식도 잘 살펴봐야 한다는 의미입니다.

이를테면 소셜 미디어에서 사람들이 사실여부 확인 없이 무심코 정보를 공유하는 것입니다. 일부는 언론에 의해서 증폭됩니다. 언론 매체는 온라인에 실시간으로 올라오는 수많은 정보를 신속하게 이해하고 보도해야 한다는 압박이 크기 때문입니다. 이외에도 가짜뉴스는 정치적 목적이나 영향력을 행사하려는 집단이나, 경제적 이득을 보려는 사람들에 의해 봇넷[7]이나 트롤[8] 팩토리 등을 통해 대량으로 유포되고 있습니다.

가짜뉴스에 제대로 맞서기 위해서는 정확한 개념과 유형을 이해하고, 생산동기, 유통방식에 대한 종합적이고 정확한 이해가 필요합니다.

---

7 봇넷 (botnet)은 인터넷에 연결되어 있으면서 위해를 입은 여러 컴퓨터들의 집합을 가리킴.

8 트롤 (troll) 또는 인터넷 트롤 (internet troll)은 인터넷 문화에서 고의적으로 논쟁이 되거나, 선동적이거나, 엉뚱하거나 주제에서 벗어난 내용, 또는 공격적이거나 불쾌한 내용을 인터넷에 올려 사람들의 감정적인 반응을 유발시키고 모임의 생산성을 저하시키는 사람을 가리킴.

가짜뉴스가 매우 나쁘고 위험하며, 그래서 조심해야 한다는 건 누구나 알고 있습니다. 그런데 많은 사람들은 가짜뉴스에 대해 이중적인 태도를 가집니다. 다른 사람들은 가짜뉴스를 잘 가려내지 못하고 쉽게 속아 넘어가지만, 나는 그렇지 않을 것이라는 생각입니다. 언론학에서는 이를 '제3자 효과'라고 합니다. 요즘 유행하는 말로는 내로남불내가 하면 로맨스, 남이 하면 불륜, 아시타비我是他非. 나는 옳고 남은 그르다인 셈입니다.

실제로 2018년 글로벌 여론조사기관 입소스가 27개 국가에서 조사한 바에 따르면, 자신이 속한 국가의 일반적인 국민들이 가짜뉴스와 진짜뉴스를 구별할 수 있을지 여부를 질문한 결과 전체적으로 부정적인 응답이 높게 나타났습니다. 한국 역시 다르지 않습니다.

이에 반해 다른 사람들과 비교할 때 자기 자신은 가짜뉴스와 진짜뉴스를 구별할 수 있다고 확신하는 정도는 높게 나타났습니다.

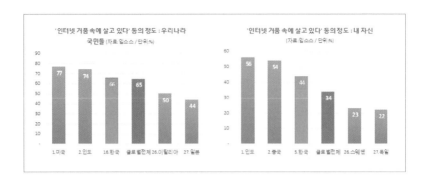

가짜뉴스와 함께 자주 등장하는 용어인 인터넷 거품(필터 버블)에 대해서도 비슷한 태도를 보였습니다.

"우리나라 국민들은 인터넷 '거품' 속에서 생활하고, 주로 자신과 비슷한 사람들과 관계하며, 자신이 이미 동의한 의견을 찾습니다."에 대한 동의 여부를 질문한 결과 글로벌 전체적으로 65%가 '동의한다'고 응답했습니다.

반면 "나는 인터넷 '거품' 속에서 생활하고, 주로 나와 비슷한 사람들과 관계하며, 내가 이미 동의한 의견을 찾습니다."에 대한 동의 여부를 질문한 결과 글로벌 전체적으로 34%만 '동의한다'고 응답했습니다.

이처럼 많은 사람들은 스스로는 가짜뉴스에 잘 속지 않고 인터넷 거품 속에서도 살고 있지 않다고 생각하는 반면, 다른 사람들은 가짜뉴스에 잘 속고 인터넷 거품 속에서 살고 있을 것으로 추정하는 것입니다.

과연 가짜 뉴스가 나만 피해 갈까요. 머리가 나쁜 사람들만 가짜뉴스에 속을까요. 이미 여러 연구와 언론보도 등으로 그렇지 않다는 것이 입증됐습니다. 심지어는 사실관계 확인에 엄격한 신문사나 방송사 등 언론사 역시 가짜뉴스에 속아 종종 망신을 당합니다. 가까운 예로 외신을 제대로 확인하지 않은 '인육 케밥' 보도, 남양유업 불가리스의 코로나19 방지효과 보도 등이 있습니다. 사회적 영향력이 큰 정치인 역시 가짜 뉴스에 속아 망신 당하는 경우가 심심찮게 보도됩니다. 현대사회를 살아가는 사람이라면 가짜뉴스 공격에서 그 누구도 예외일 수 없습니다.

'가짜뉴스'라는 말,
적절할까

가짜뉴스는 언론이나 전문가 사이에서는 권장하는 용어가 아닙니다. 진실을 추구하는 활동이 저널리즘의 본령인데 뉴스를 진짜와 가짜로 나누는 것 자체가 어불성설이기 때문입니다. 더욱이 가짜뉴스라는 용어가 정치권에서 남용되면서 나쁜 의도를 담고 있다고 보는 시각이 많습니다. 기성 언론을 '가짜뉴스'라고 공격함으로써 자신이 제공하는 정보만을 '진짜뉴스'로 믿게 하기 때문입니다.

대표적인 경우가 도널드 트럼프 전 미국 대통령입니다. 트럼프 전 대통령은 2016년 미국 대선에서 가짜뉴스라는 용어를 공공연히 사용했습니다. 지금도 걸핏하면 가짜뉴스라는 용어로 언론을 공격합니다. 대신 자신이 공개하는 트위터나 자신을 지지하는 폭스뉴스처럼 당파성 짙은 뉴스만을 진짜뉴스라고 칭찬합니다.

2019년 미국 워싱턴포스트 부편집인 밥 우드워드가 우리나라를 방문한 적이 있습니다. 그는 워터게이트 사건을 특종보도한 언론계의 살아 있는 전설입니다. 그는 방한 중 필자를 포함해 국내 중견 언론인들과 간담회를 가졌습니다. 이 자리에서 "가짜뉴스라는 용어는 사실상 트럼프가 만들었고, 지금도 자신의 정치적 의도를 위해 사용하고 있기 때문에 이 용어 자체를 폐기해야 한다"고 주장했습니다.

실제로 가짜뉴스라는 용어가 언제부터 급속도로 확산됐는지를 검색해보면 우드워드의 말이 과장된 것이 아님을 알 수 있습니다. 그동안 거의 알려지지 않았던 가짜뉴스라는 표현이 2016년 미국 대선 때부터 급증합니다. 구글 트렌드 검색을 통해 쉽게 확인 가능합니다.

그래서 국내외 언론계와 학계에서는 가짜뉴스라는 표현보다는 '허위 조작 정보'라는 표현을 권장합니다. 외국에서도 가짜뉴스라는 표현보다 허위 정보를 의미하는 'disinformation'이라고 부르는 경우가 많습니다. 용어의 의미를 정확히 이해하는 것은 가짜뉴스 극복을 위한 첫걸

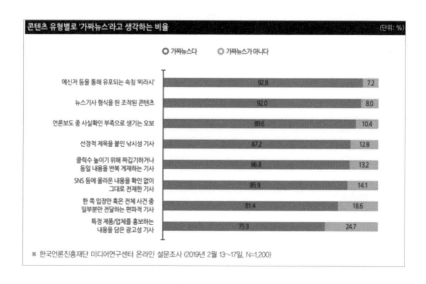

콘텐츠 유형별로 '가짜뉴스'라고 생각하는 비율 (단위: %)

○ 가짜뉴스다   ○ 가짜뉴스가 아니다

콘텐츠 유형	가짜뉴스다	가짜뉴스가 아니다
메신저 등을 통해 유포되는 속칭 '찌라시'	92.8	7.2
뉴스기사 형식을 띈 조작된 콘텐츠	92.0	8.0
언론보도 중 사실확인 부족으로 생기는 오보	89.6	10.4
선정적 제목을 붙인 낚시성 기사	87.2	12.8
클릭수 높이기 위해 짜깁기하거나 동일 내용을 반복 게재하는 기사	86.8	13.2
SNS 등에 올라온 내용을 확인 없이 그대로 전재한 기사	85.9	14.1
한 쪽 입장만 혹은 전체 사건 중 일부분만 전달하는 편파적 기사	81.4	18.6
특정 제품/업체를 홍보하는 내용을 담은 광고성 기사	75.3	24.7

※ 한국언론진흥재단 미디어연구센터 온라인 설문조사 (2019년 2월 13~17일, N=1,200)

음이 될 수 있습니다.

그런데 전문가들의 이런 태도와는 달리 일반인들이 받아들이는 가짜뉴스에 대한 스펙트럼은 훨씬 넓습니다. 2019년 한국언론진흥재단 미디어연구센터가 조사한 온라인 설문조사를 보면 극명하게 드러납니다. 콘텐츠 유형별로 가짜뉴스라고 생각하는 비율을 조사했는데요. (중복응답 허용)

1) 메신저 등을 통해 유포되는 속칭 '찌라시'(92.8%)

2) '뉴스 기사 형식을 띤 조작된 컨텐츠'(92.0%)

3) '언론보도 중 사실확인 부족으로 생기는 오보'(89.5%)

4) '선정적 제목을 붙인 낚시성 기사'(87.2%)

5) '클릭수를 높이기 위해 짜깁기하거나 동일 내용을 반복 게재하는 기사'(86.8%)

6) 'SNS 등에 올라온 내용을 확인 없이 그대로 전재한 기사'(85.9%)

7) '한쪽 입장만 혹은 전체 사건 중 일부분만 전달하는 편파적 기사'(81.4%)

8) '특정 제품/업체를 홍보하는 내용을 담은 광고성 기사'(75.3%)

대부분의 사람들이 언론의 오보나 진영논리에 빠진 기사, 선정적인 낚시성 기사 등도 가짜뉴스로 인식하고 있습니다. 미디어 전문가나 학자들이 생각하는 가짜뉴스와는 상당히 거리가 멀어 보입니다.

같은 조사에서 또 다른 항목 역시 눈길을 끌었습니다. '가장 유해하다고 생각하는 콘텐츠 유형'에 대한 조사인데요.

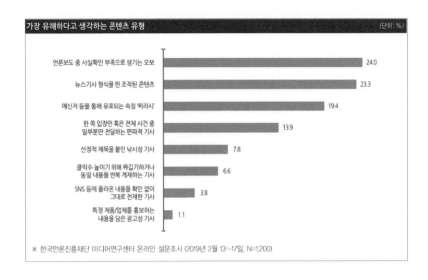

가장 유해하다고 생각하는 콘텐츠 유형   (단위: %)

- 언론보도 중 사실확인 부족으로 생기는 오보 24.0
- 뉴스기사 형식을 띤 조작된 콘텐츠 23.3
- 메신저 등을 통해 유포되는 속칭 '찌라시' 19.4
- 한 쪽 입장만 혹은 전체 사건 중 일부분만 전달하는 편파적 기사 13.9
- 선정적 제목을 붙인 낚시성 기사 7.8
- 클릭수 높이기 위해 짜깁기하거나 동일 내용을 반복 게재하는 기사 6.6
- SNS 등에 올라온 내용을 확인 없이 그대로 전재한 기사 3.8
- 특정 제품/업체를 홍보하는 내용을 담은 광고성 기사 1.1

※ 한국언론진흥재단 미디어연구센터 온라인 설문조사 (2019년 2월 13~17일, N=1,200)

1) '언론보도 중 사실확인 부족으로 생기는 오보'(24.0%)

2) '뉴스 기사 형식을 띤 조작된 컨텐츠'(23.3%)

3) 메신저 등을 통해 유포되는 속칭 '찌라시'(19.4%)

4) '한쪽 입장만 혹은 전체 사건 중 일부분만 전달하는 편파적 기사'(13.9%)

5) '선정적 제목을 붙인 낚시성 기사'(7.8%)

6) '클릭수 높이기 위해 짜깁기하거나 동일 내용을 반복 게재하는 기사'(6.6%)

7) 'SNS 등에 올라온 내용을 확인없이 그대로 전재한 기사'(3.8%)

8) '특정 제품/업체를 홍보하는 내용을 담은 광고성 기사'(1.1%)

이처럼 학자들이나 전문가들이 생각하는 가짜뉴스와 일반인들이 생각하는 가짜뉴스 사이에는 상당한 온도차가 있는 셈입니다.

코로나19가 한창일 당시 허위 정보의 생산자나 유포자 가운데 과연 언론이 없었다고 당당하게 말할 수 있을지 의문입니다. 또 2020년 4~5월 한반도 안팎을 뜨겁게 달군 '김정은 사망설'의 주요 발원지는 소위 말하는 기성 언론들이었습니다.

당시 쏟아낸 각종 보도들이 불가피한 오보나 실수라 한다면 이를 받아들일 사람들이 얼마나 있을지 궁금합니다. 물론 트럼프처럼 기성언론을 무조건 가짜뉴스로 몰아가는 정치적 접근은 매우 위험합니다. 국민의 알 권리와 언론자유를 침해할 수 있기 때문입니다. 그러나 마찬가지로 무분별한 경쟁과 부족한 취재로 인한 오보나 진영논리에 빠져 기본적인 사실마저 비틀어버리는 왜곡보도까지 언론의 성역 속에서 보호받길 희망하는 것 역시 온당치 않습니다.

가짜뉴스의 특징과
확산공식

김창룡 인제대 교수는 저서 《당신이 진짜로 믿었던 가짜뉴스》에서 가짜뉴스에 대해 5가지 특징과 5가지 확산공식이 있다고 말합니다. 김 교수는 이 특징들 앞글자를 따서 'SHOCK'라고 이름했습니다.

첫째는 **선정성**Sensational 입니다. 사람들의 눈길을 사로잡기 위해 자극적인 내용과 제목이 자주 등장하는 것입니다.

두번째는 **증오나 혐오**Hatred 입니다. 난민, 장애인이나 성소수자 등 사회적 약자 등에 대한 혐오를 부추기는 특징이 있습니다.

세번째는 **일방적**One-way입니다. 사실관계 확인을 위한 기본인 교차검증을 무시하고 일방적인 정보에 의존하는 것입니다. 김정은 사망설이 불거졌을 때 많은 언론들이 탈북인사나 불확실한 정보에 의존해 대형 오보를 낸 것도 같은 맥락입니다.

네 번째는 **연결**Connection 입니다. 서로 개연성이 없는 사실관계를 무리하게 연결해 마치 인과관계가 형성되는 것처럼 포장하는 방식입니다.

마지막은 '**킬링 이펙트** Killing Effect', 다시 말해 치명성입니다. 어떤 사람의 죽음과 어떤 사건을 연결시키는 것입니다. 죽음이 주는 강렬한 인상 때문에 사실관계를 확인하기도 전에 믿어버리는 경우가 종종 있습니다. 예를 들어 최저임금 때문에 어떤 사람이 자살했다는 기사는 정부정책을 비판하는 입장에서는 아주 강력한 효과를 발휘합니다.

김 교수는 가짜뉴스 유통단계 역시 5가지 단계를 거친다고 봤는데요. 바로 이런 식입니다.

가장 먼저 소문입니다. '누가 누구랑 사귄다더라'는 식의 출처도 근거도 없는 헛소문입니다. 다음은 소문의 활자화로 가짜뉴스가 생산되는 과정입니다. 이는 SNS 유통단계로 이어집니다. 주로 친분 있는 지인에게 SNS로 전달됩니다. 그다음은 유통 확산단계입니다. 지인뿐만 아니라 인터넷 미디어, 블로거 등을 통해 퍼나르기를 하거나 재가공해 더욱 그럴듯하게 포장하는 방식입니다. 마지막은 언론 보도입니다. 이때는 가짜뉴스가 마치 진짜인 듯 뉴스로 둔갑해 대중에 무차별적으로 전달됩니다.

처음에는 가까운 지인을 중심으로 소규모로 시작된 가짜뉴스가 온라인과 소셜 미디어를 통해서 점점 더 몸집을 키우고 가속도가 붙으면서 무차별적으로 확산돼 나중에는 걷잡을 수 없을 만큼 커지는 것입니다.

끈질긴
가짜뉴스

영어로 디벙크Debunk, 헛소리 폭로라는 것이 있습니다. 사전적 의미는 '(생각·믿음 등이) 틀렸음을 드러내거나 밝힌다'는 뜻입니다. 거짓을 폭로하거나 파헤치는 의미도 포함됩니다. 가짜뉴스가 기승을 부리던 2020년 해외에서 저명한 학자 22명이 함께 대응방안을 고민했는데요. 그 결과물이 '가짜뉴스 핸드북2020The Debunking Handbook 2020'입니다. 가짜뉴스가 무엇이며, 가짜뉴스가 사실이 아님을 드러내는 것이 왜 중요한지 설명하고, 대응전략도 소개하고 있습니다.

학자들은 우선 가짜뉴스가 해롭다고 단언합니다. 사람들은 기존 관념과 친숙한 가짜뉴스에 지속해서 노출될 경우 해당 정보를 신뢰할 가능성이 높아집니다. 게다가 가짜뉴스는 감정적 언어로 표현돼 있고, 주의를 끌며, 호소력을 지니기 때문에 확산이 빠르고 쉽습니다.

또 그들은 가짜뉴스가 '끈질기다Sticky'고 설명합니다. 특히 '영향력 지속 효과Continued Influence Effect'에 의해 사람들에게 지속적으로 영향을 미치기 때문에 효과적인 접근법이 필요하다고 충고합니다.

그래서 전문가들은 '할 수 있다면, 가짜뉴스가 달라붙는 것부터 막아야 한다'고 충고합니다. 앞에서 언급했듯 매우 끈질기기 때문에 먼저 점유하는 것이 가장 좋습니다.

실제로 어떤 콘텐츠가 거짓일 수도 있다는 구체적 경고는 사람들이 온라인에서 이를 공유할 가능성을 줄인다는 연구가 있었습니다. 따라서 '자주, 적절하게 허위 정보가 사실이 아님을 보여주는 것Debunk'이 중요하다고 합니다.

뿐만 아니라 마치 예방주사를 접종하듯 가짜뉴스 작동방식이나 전략을 널리 알려 사람들이 탄력적으로 반응하게 해야 합니다. 이를 위한 구체적인 디벙크 방법도 제시했습니다.

우선 진실을 먼저 기술해야 합니다. '이 주장은 사실이 아니다'라는 가짜뉴스를 철회하는 식보다는, 부정확한 정보를 '대체하는 진실'을 먼저 기술하는 것이 효과적입니다. 주제와 관련이 있는, 간결하고 정확한 '사실 기술'은 사람들의 부정확한 초기 이해를 바꾸고 새로운 버전으로 대체할 수 있게 만듭니다. 그 다음이 잘못된 정보를 지적하는 것입니다. 유의할 점은 불필요한 반복을 피하는 것입니다. 자칫 가짜뉴스의 반복이 이를 사실처럼 보이게 만들 수도 있기 때문입니다.

잘못된 정보의 출처나 의도에 대해 의심하게 만드는 것이 가장 성공적입니다. 다음은 왜 그 정보가 틀렸는지 설명해야 합니다. 잘못된 정보와 함께 수정된 내용을 비교하는 방식입니다. 이때 수정한 내용이 잘못된 정보에 정확하게 대응되는지 확인해야 합니다. 이런 과정을 거친 뒤에 다시 한 번 정확한 진실을 기술해 사람들이 잘 기억할 수 있도록 돕는 것입니다. 다시 한 번 정리할 때는 **▶복잡하고, 기술적인 언어를 피하고 ▶잘 디자인된 자료(그래프, 비디오, 사진 등)로 복잡한 정보를 명확하고 직관적으로 전달하며 ▶복잡한 관념을 독자들이 읽고, 상상하고, 기억하기 쉽도록 번역**하는 데 최선을 다해야 합니다.

그런데 디벙크보다 더 효과적인 방법이 있습니다. 바로 선제 차단, 선제 폭로라 할 수 있는 프리벙크Prebunk입니다. 치료보다 예방이 낫다는 것입니다.

사실 허위 정보가 널리 퍼지면 이것이 가짜라고 폭로하더라도 원래대로 되돌리기는 무척 어렵습니다. 가짜뉴스는 끈질기게 달라붙을 뿐 아니라 그 영향력이 오랫동안 지속되기 때문입니다. 어떤 정보가 나중에 알고 보니 거짓이라는 얘기를 들어도 계속해서 우리 생각에 영향을 미치는 것입니다.

예방하는 방법은 간단합니다. 잘못된 정보나 가짜뉴스에 대해 구체적인 예를 들어가며 보여주는 것입니다. 백신을 통해 바이러스에 대한 면역반응을 훈련시키는 것과 마찬가지입니다.

이처럼 사전에 면역력을 키우는 프리벙크는 사람들의 우려를 다루고, 그들의 생생한 경험을 얘기하며, 그 지식을 서로 나누는 방식입니다. 이를 통해 단순히 거짓을 사실로 수정하는 것이 아니라 사회적 신뢰를 구축하는 것입니다.

프리벙크에는 **▶사실 기반 ▶논리 기반 ▶출처 기반** 등 세 가지 유형이 있습니다.

사실 기반 프리벙크는 특정한 허위 주장 또는 설명을 수정합니다. 논리 기반은 조작에 사용된 전술을 이해하기 쉽게 설명하는 것이고, 출처 기반은 말 그대로 잘못된 정보의 출처를 지적하는 방식입니다.

이 가운데 특히 논리 기반 방식이 효과가 크다고 합니다. 사람들이 가짜뉴스 생산자의 전술을 이해하면 가짜뉴스를 훨씬 더 쉽게 찾아 낼 수 있기 때문입니다.

호주 멜버른에 있는 모나시대학교 기후변화커뮤니케이션연구소의 존 쿡John Cook은 수년 동안 이 분야를 연구했습니다. 그는 이상적인 프리벙크에 대해 "사실과 논리를 결합하여 사람들이 사실을 이해할 수 있을 뿐만 아니라 사실을 왜곡하려는 시도도 발견할 수 있게 할 것"이라고 말합니다.

팩트체커들이 추천하는 가짜뉴스 관련 게임

'고 바이럴'이나 '배드뉴스'처럼 팩트체커들이 권장하는 대표적 가짜뉴스 관련 게임 사이트를 소개합니다. 마음에 드는 게임을 골라 한 번씩 도전해보면 가짜뉴스에 대한 새로운 관심이 생길 것입니다.

- Bad News(www.getbadnews.com/#intro)

- GO VIRAL!(www.goviralgame.com/en)

- Cranky Uncle(crankyuncle.com/game)

- Troll Factory(trollfactory.yle.fi)

- Harmony Square(harmonysquare.game/en)

- Fake It To Make(www.fakeittomakeitgame.com/lt)

총살당했다던
현송월이 나타났다?

2020년 3월 4일 조선일보가 흥미로운 기획 기사를 게재한 적이 있습니다. 조선일보가 사실관계를 잘못 파악해 냈던 오보기사들을 창간 100주년을 맞아 다시 소환한 것입니다. 김일성 피살설, 현송월 총격 처형설, 해운대 태풍 사진 등 언론사로서 부끄러운 흔적들이 포함됐습니다. 특히 현송월 총격 처형설은 그 정도가 매우 심각합니다.

2013년 8월 조선일보는 '김정은의 옛 애인으로 알려진 현송월 단장이 음란물을 찍다가 적발돼 총살을 당했다'는 매우 자극적인 보도를 했습니다. 곧바로 TV조선에서도 이를 방송했습니다. 하지만 현 단장은 모란봉 악단을 인솔해 2015년 중국 베이징에 멀쩡히 나타났고, 2018년 2월에는 평창동계올림픽에 삼지연관현악단 단장으로 참석했습니다.

조선일보 독자권익위원회는 2018년 2월 정례회의에서 '2013년 현송월이 총살됐다고 오보했으나 아직까지 정정 보도를 하지 않았다'고 지

①'김일성 총 맞아 피살'이라고 보도한 1986년 11월 17일자 호외. ② 2013년 8월 본지가 사망했다고 보도한 현송월이 2018년 1월 평창 동계올림픽 사전 점검을 위해 예술단을 이끌고 서울에 나타났다. ③ 1993년 본지는 '서해훼리호 선장이 침몰 사고를 내고 육지로 도망쳤다'고 보도했다. 하지만 선장이 숨진 것이 확인된 후 10월 17일자 사설에 '조선일보의 사과'를 게재했다. ④ 2012년 7월 19일자 본지에 실린 해운대 태풍 사진. 하지만 이 사진은 3년 전 촬영한 사진을 게재한 것으로 밝혀졌다.

적한 바 있습니다. 2020년 3월 기획기사에서 조선일보는 이 오보에 대해 끝내 정정 기사를 게재하지 않았다고 인정했습니다.

이처럼 북한 관련 보도에서 유독 오보가 많고, 오보가 밝혀져도 수정하지 않는 것은 아무도 책임을 따지지 않기 때문이라는 지적이 많습니다. 다른 기사에서 그런 대형 오보를 냈다면 사회적 파장과 후유증이 만만치 않았을 것입니다. 이런 오보를 가짜뉴스라고 바로 연결시키는 것은 의견이 갈릴 수 있지만 명백한 오보임이 밝혀진 후에도 수정하지 않는 것은 이해하기 힘든 대목입니다.

2018년 뉴욕타임스가 소개한 가짜뉴스 수법 7계명은 왜 이런 현상이 나타나는지 적나라하게 보여줍니다. 가짜뉴스 수법 7계명은 바꿔 말하면 어떤 가짜뉴스에 사람들이 잘 속는지를 보여주는 것입니다.

첫 번째는 **소재 선정**입니다. 평범한 뉴스보다 건강, 성 정체성, 인종, 질병 등 민감한 소재가 가짜뉴스의 대상이 됩니다. 최근 우리 사회에 자주 등장하는 젠더 이슈나 북한 관련 자극적 보도가 대표적입니다. 두 번째는 대범하게 **충격적인 거짓말**을 날조하는 편이 성공확률이 크다는 것입니다. 세 번째는 의도하는 거짓말을 **작은 진실**들로 보완하면 수월하게 신뢰를 얻을 수 있다고 설명합니다. 처음부터 끝까지 거짓과 날조로 가득한 정보는 누구나 쉽게 의심합니다. 그런데 작은 사실들을 숨겨 놓으며 전체 큰 그림을 거짓으로 조작하더라도 이를 알아채기는 쉽지 않습니다. 가짜뉴스는 바로 이런 허점을 노립니다.

네 번째는, 가짜뉴스 생산자는 자신의 이름을 숨겨서 조작 행위를 **추적할 수 없게** 만듭니다. 다섯 번째는 가짜뉴스를 전파해줄 '**유용한 바보**'를 이용하는 것입니다. 가짜뉴스가 진짜뉴스보다 빠르게 전파될 수 있는 것은 많은 사람들이 퍼나르고 공유하기 때문입니다. 여섯 번째는 정체가 드러나더라도 모든 것을 부인하며, 만들어낸 가짜뉴스의 논리에 부합하는 사례들을 추가하고 **장기전**을 펼치는 방식입니다. 일곱 번째, 이렇게 진위공방을 벌이며 시간을 끌면 사람들은 진짜가 무엇인지 찾거나 추적하는 것을 **포기**하게 됩니다. 시간이 흘러 나중에 진위가 밝혀져도 이미 가짜뉴스 생산자는 본인이 원하는 바를 다 얻은 뒤입니다.

뉴욕타임스에 따르면 미소 냉전시대에 KGB가 실행한 허위 정보 감염 작전에 위 수법들이 이용되었다고 합니다. 가짜뉴스가 냉전시대에도 강력한 무기로 작동한 것입니다.

뉴욕타임스가 제시한 기준으로 김정은 사망설 오보 사건 등을 되짚어보면 모든 게 맞아 떨어집니다. 북한 관련 뉴스에서 유독 자극적이고 사실관계가 부족한 기사들이 많이 등장하는 이유를 이해할 수 있습니다. 지금은 냉전시대가 아니지만, 남북은 여전히 냉전의 굴레에서 벗어나지 못하고 있습니다. 사람들을 쉽게 흥분시키는 대담한 거짓말도 마구 지어냅니다. 설령 나중에 사실이 아님이 드러나도 크게 문제될 것이 없다는 인식이 깔려 있습니다. 5.18민주화운동 관련 가짜뉴스에 북한의 특수군이 투입됐다는 주장도 같은 이치입니다. 우리나라에서는 뉴욕타임스가 말한 첫 번째 계명에 '북한'이 해당하는 경우가 많습니다.

7계명 중에 인상적인 대목은 '유용한 바보'입니다. 큰 고민 없이 무심코 퍼나르는 가짜뉴스를 통해 자신도 모르게 유용한 바보가 되고 있는 것은 아닌지 곰곰이 되짚어봐야 합니다.

슈퍼전파자가 되지 않는
7가지 방법

앞에서 허위 정보를 전파하는 '유용한 바보'에 대해 말했습니다. 가짜 뉴스를 생산하는 사람들은 이런 사람들을 부지런히 찾고, 자신들의 목적에 맞게 활용하려고 애씁니다. '나는 절대 그럴 리 없다'고 자신하는 것은 오만입니다. 나도 모르는 사이에 가짜뉴스를 퍼나르고 무고한 사람들에게 피해를 끼칠 수 있다는 점을 기억해야 합니다.

가짜뉴스의 슈퍼전파자가 되지 않기 위한 방법도 기억해두면 좋습니다. 미국 미시시피 주립대학교 콜린 싱클레어 교수가 소개하는 방법입니다.

싱클레어 교수는 가짜뉴스 문제가 쉽게 사라지지 않을 것이라고 단언합니다. 일례로 페이스북이나 트위터 등 인터넷 플랫폼 기업들이 허위 정보 확산을 막기 위해 몇몇 조치를 취했고, 지금도 더 많은 작업을 수행하고 있지만 아직 그 어떤 방법도 소셜 미디어에서 오해의 소지가 있는 콘텐츠를 완전히 성공적으로 제거하지 못했다는 것입니다. 따라서 가짜뉴스를 막을 최고의 방법은 '자기방어'라는 것이 싱클레어 교수의 설명입니다.

그는 허위 정보로 사람들을 잘못된 방향으로 이끌거나, 부정확한 정보를 퍼뜨리는 것을 막아줄 7가지 전략을 소개했습니다.

첫 번째 전략은 **'자신을 스스로 교육하라'**는 것입니다. 정보감염병, 즉 인포데믹Infodemic에 대한 최선의 예방접종은 가짜뉴스 요원들이 당신을 조종하기 위해 사용하는 속임수를 이해하는 것입니다. 여기에는 '사전 폭로Prebunking'가 활용될 수 있습니다. 연구에 따르면 허위 정보 거래방식이나 속임수에 익숙해지면 허위 정보를 접했을 때 이를 인식하는 데 도움이 되어 속임수에 덜 취약하게 됩니다.

케임브리지대학교 연구원들은 이를 위해 '배드 뉴스Bad News'라는 온라인 게임을 개발했으며, 이를 통해 게임플레이어의 거짓식별 능력을 향상시킬 수 있다는 연구 결과를 보여줬습니다. 또 게임을 통해 인터넷이나 소셜 미디어 플랫폼이 작동 하는 방식에 대해서도 자세히 알아볼 수 있으므로 당신을 속이려는 사람들이 사용할 수 있는 도구를 더 잘 이해할 수 있습니다.

과학적 연구나 증거 표준에 대해서도 자세히 알아볼 수 있습니다. 이를 통해 건강 관련 내용이나 과학적 주제에 대한 거짓말이나 오해의 소지가 있는 진술에 덜 취약하도록 도와줍니다.

두 번째 전략은 **내가 지닌 취약점에 대해 인식**하는 것입니다. 자신이 지닌 편견을 과소평가하는 사람들은 자신의 편견을 인정하는 사람들보다 오도되기 쉽다는 것이 밝혀졌습니다. 연구에 따르면 사람들은 자신이 지닌 기존 견해나 신념과 일치하는 정보에 더 취약합니다. 이는 사람들이 이미 믿고 있는 것을 확인시켜주는 정보를 믿는 쪽으로 편향돼 있어 '확증 편향'이라고 합니다.

확증편향의 교훈은 정치, 종교, 또는 민족이나 국적에 관계없이 내가 동의하거나 동조하는 그룹이나 사람들이 주는 정보에 특히 비판적이어야 한다는 것입니다. 이를 위해 같은 주제에 대한 다른 관점이나 다른 출처를 찾아보는 것이 좋습니다. 특히 내가 지닌 편견이 무엇인지 스스로에게 솔직해지는 것이 중요합니다. 흔히 사람들은 다른 사람들이 편향돼 있다고 생각하지만 자신은 그렇지 않다고 믿고, 다른 사람들이 자신보다 잘못된 정보를 공유할 가능성이 더 높다고 상상합니다.

세 번째 전략은 **출처를 고려**하는 것입니다. 언론 매체에도 다양한 편견이나 정파성이 있기 때문입니다. 외국에는 이를 도표로 그린 미디어 바이어스 차트도 있습니다.

뉴스를 소비할 때는 (뉴스)출처가 얼마나 신뢰할 수 있는지 또는 전혀 신뢰할 수 없는지 확인해야 합니다. 편견은 낮고, 팩트 등급이 높은 다른 출처의 이야기를 재확인해야 합니다. 직감이 아니라, 신뢰할 수 있는 사람과 내용을 찾아야 합니다. 일부 허위 정보를 생산·유포하는 사람들은 실제 뉴스 소스처럼 보이는 가짜 사이트를 만들 수 있으므로 당신이 실제로 방문하는 사이트에 대해서도 알고 있어야 합니다.

네 번째 전략은 **잠시 멈추는 것**입니다. 대부분의 사람들은 즐거움이나 다른 사람들과의 연결을 위해, 심지어는 주의를 분산시키기 위해 소셜 미디어에 접속합니다. 찾고 있거나 공유하려는 정보의 정확성이 소설 미디어의 최우선 목적이 아니라는 것입니다. 무심코 잘못된 정보를 공유했을 때 뒤따르는 비용은 개인뿐만 아니라 사회 전체에도 큽니다. 따라서 무언가를 공유하기로 결정하기 전에 잠시 시간을 내어 정확성의 가치를 생각해야 합니다. '내가 공유하는 것이 진짜 사실인가'라는 생각은 잘못된 정보의 확산을 막는 데 도움이 될 수 있습니다.

뉴스를 볼 때는 헤드라인을 넘어서 보며, 뭔가를 공유하기 전에 잠재적으로 팩트체크를 권장합니다. 설령 정확성에 대해 구체적으로 생각하지 않더라도 공유하기 전에 잠시 멈추는 것만으로도 의미가 있습니다. 당신이 정말로 그것을 공유하고 싶은지, 만약 그렇다면 왜 그런지 스스로에게 물어봐야 합니다. 아울러 공유했을 때 예상되는 결과가 무엇인지도 생각해 봐야 합니다.

연구에 따르면 대부분의 잘못된 정보는 아무 생각 없이 빠르게 공유됩니다. 생각 없이 공유하는 습관이 때로는 당파적 공유 경향보다 훨씬 더 강력할 수 있습니다. 천천히 하십시오. 서두르지 마십시오. 여러분이나 여러분이 속한 단체는 즉각적인 정보를 얻기 위해 수천 명이 의존하는 속보 조직이 아닙니다.

다섯 번째 전략은 **감정에 주의하는 것**입니다. 사람들은 종종 비판적 사고보다는 직감적 반응으로 무언가를 공유합니다. 연구자들은 감정적인 사고방식으로 소셜 미디어를 보는 사람들이 이성적인 심리 상태로 접속한 사람들보다 허위 정보를 공유할 가능성이 훨씬 더 크다는 것을 발견했습니다. 분노와 불안은 사람들을 잘못된 정보에 더 취약하게 만듭니다.

여섯 번째 전략은 **뭔가 보이면 말하는 것**입니다. 허위 정보에 공개적으로 맞서야 합니다. 물론 갈등이 두려운 경우 온라인에서 친구들에게 도전하는 것이 불편할 수 있습니다. 그러나 허위 정보에 대해 명시적으로 비판하거나, 공개적으로 반증을 제공하는 것이 허위 정보 공유를 막는 데 효과적이라는 증거가 있습니다. 심지어는 "이것은 사실이 아닙니다"와 같은 짧은 형식의 반박일지라도 아무 말도 하지 않는 것보다는 효과적입니다.

실제로 사람들이 온라인에서 잘못된 정보를 수정해주는 것은, 거대소셜 미디어 회사가 그 정보를 의심스러운 것으로 분류하는 것만큼 효과적일 수 있습니다. 사람들은 알고리즘[9]이나 봇보다 인간을 더 신뢰하기 때문입니다. 특히 해당 주제에 대해 전문지식이 있거나 해당 주제를 공유한 사람들과 밀접한 관련이 있다면 더욱 그렇습니다.

마지막 일곱 번째 전략은 다른 사람들과 **함께 행동하는 것**입니다. 다른 사람이 일어서면 그들과 함께 서십시오. 만약 다른 사람이 어떤 이야기가 거짓이라고 게시한 것을 본다면 "글쎄, 나까지 그럴 필요는 없다"고 말하지 마십시오.

일어서는 사람들과 함께 행동해야 합니다. 계속해서 허위 정보가 공유된다면 잘못된 정보를 공유하는 것이 괜찮다는 사람들의 믿음을 강화합니다. 잘못된 정보가 퍼지도록 허용하면 더 많은 사람들이 믿기 시작합니다. 처음에 사실이 아니라는 것을 알더라도 반복적으로 들으

9　알고리즘 (algorithm)은 어떤 문제의 해결을 위하여, 입력된 자료를 토대로 하여 원하는 출력을 유도하여 내는 규칙의 집합.

면 믿게 됩니다. 완벽한 해결책은 없습니다. 하지만 함께 행동하는 것이 혼란, 속임수, 거짓으로부터 여러분 자신과 소셜 네트워크에 있는 사람들을 보호하는 데 큰 도움이 될 수 있습니다.

가짜뉴스 생산자의
뒤늦은 참회

앳워터는 미국 공화당의 악명 높은 선거 전문가였습니다. 상대의 약점을 잡아서 집요하게 공격해 전세를 뒤집는 승부사입니다. 미국 역대 대선 가운데 최악의 선거로 꼽힌 1988년 대선 당시 부시 후보 선거본부장으로 이름을 날렸지만, 그 이전에도 이미 전력이 있습니다.

1980년 미국 하원의원 선거 때입니다. 사우스캐롤라이나 출신 민주당 후보 톰 터넘시드가 하원의원에 출마했는데, 공화당 측에서는 터넘시드가 오래전 우울증을 앓았고 전기충격 치료를 받았다는 사실을 폭로했습니다.

이에 터넘시드가 공화당의 도덕성을 공격하자 앳워터는 "머리에 전선을 매달고 살았던 사람이 제기하는 주장에 대답할 생각이 없다"고 응수했습니다. 그 이후 터넘시드가 주장하는 공약이나 정치적 견해는 뒷전이 되고 오로지 머리에 전선을 매단 이미지만 남아 결국 선거에서도 패배했습니다. 그런데 반전이 있습니다. 10년 뒤 앳워터는 병에 걸

리게 됩니다. 뇌종양이었습니다. 그는 펜을 들어 터넙시드에게 편지
를 보냈습니다. 1990년 6월의 일입니다.

"제가 정치를 하면서 수많은 일이 있었지만 그 어느 때보다 저열했던 일이 이른바 '전
선 사건'이었음을 말합니다. 당신에게 이 일을 고백하는 것은 지금 저에게 그 일이 참으
로 중요하기 때문입니다. 저는 병에 걸리고 나서야 여태 모르고 지냈던, 그리고 병에 걸
리지 않았다면 결코 배우지 못했을 인간애와 사랑, 우애, 관계의 중요성에 대해 알게 됐
습니다."

터넙시드는 1991년 4월 16일 '워싱턴포스트'에 '앳워터는 무엇을 배
웠나'라는 제목의 기고문을 통해 앳워터의 사과 편지와 당시 일화를 소
개했습니다. 그의 사과 편지에 진심이 담겨 있음을 알았기에 그때부
터 앳워터를 다시 본 것입니다. 비록 저지른 잘못은 미웠겠지만 달라
진 사람에 대해서는 용서를 해준 것입니다. 가짜뉴스의 가장 큰 피해자
가 가짜뉴스 생산자의 뉘우침을 품어준 것입니다.

2.
가짜뉴스는
왜
위험할까

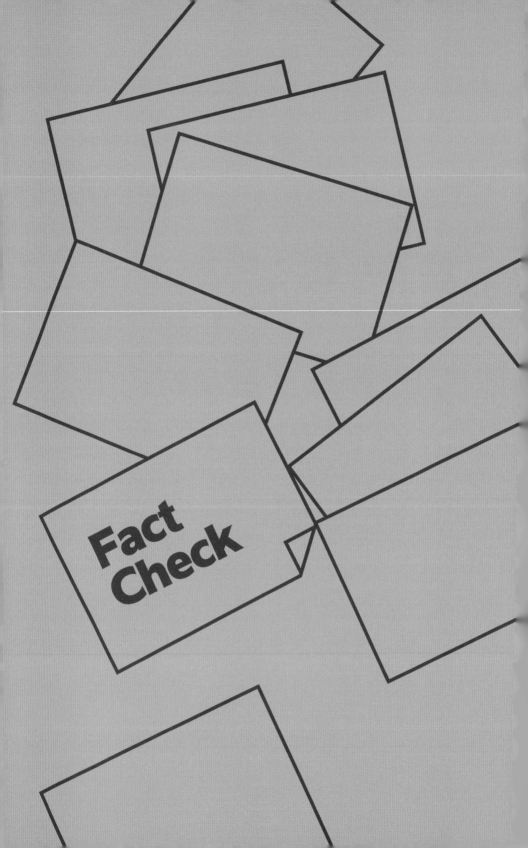

Fact
Check

가짜뉴스와
지구종말시계

2020년 1월 한 통의 이메일을 받았습니다. 지구종말시계Doomsday Clock를 자정 100초 전으로 당긴다는 내용이었습니다. 미국 과학잡지인 원자력과학자회보BAS에 공개된 것입니다. 지구종말시계는 2012년 자정 5분 전, 2015년 3분 전이었습니다. 그러다 2018년에는 자정 2분 전이었고, 2020년에 20초가 움직였습니다.

23시 58분 20초. 자정까지 남은 시간은 100초뿐입니다. 다행히 2021년에도 이 상태는 유지되고 있습니다. 이제는 분 단위가 아닙니다. 초 단위로 셀 수 있을 만큼 가까워졌다는 의미입니다. 이 지구종말시계를 믿을지 말지는 별개로 치더라도 섬뜩합니다.

지구종말시계는 1947년 미국의 핵무기 개발계획에 참여했던 시카고대학교 과학자들이 격월로 발행하던 '불리틴BAS'이라는 회보에서 출발했습니다. 핵전쟁으로 지구가 파국을 맞는 시점을 '시계 분침'으로 표현한 것입니다. 과학자들은 종말(?)의 근거로 세계에서 진행되는 핵실험이나 핵무기 보유국들의 동향과 감축 상황 등을 분석했습니다. 알베르트 아인슈타인도 이 회보 작업에 참여한 것으로 알려져 있습니다.

2020년 공표된 자정 '100초 전'은 1947년 이래 가장 자정_{종말}에 가까운 수치입니다. 레이첼 브론슨 핵과학자회 회장은 이런 변화에 대해 다음과 같이 설명했습니다. "우리는 이제 세계가 얼마나 파국에 가까워졌는지를 시간이나 분이 아닌 초 단위로 표현하게 됐다. 지금 인류가 처한 상황은 어떤 조그만 실수나 더 이상의 지체를 용납할 수 없는 참으로 위급한 상황"이라고 말입니다. 절체절명의 위기상황이라는 의미입니다.

분침을 움직인 요인으로는 핵무기 위험과 기후변화를 꼽았습니다. 핵무기 위험의 경우 2019년 북한과 미국의 협상이 헝클어지고 이란과 미국 간의 긴장이 고조되면서 높아졌다는 설명입니다. 기후변화에 대해서도 강조했습니다. 브론슨 회장은 "기후위기에 대한 대중의 인식은 전 세계 젊은이들의 대규모 항의 시위로 인해 크게 높아졌지만 기후변화에 대한 정부의 대응은 여전히 미흡하다"고 말합니다. 이어 "운명의 날 시계_{지구종말시계}가 처음 만들어질 당시엔 미국과 소련의 핵무기 경쟁이 가장 큰 위협이었지만 지금의 우리는 기후변화 없이는 설명할 수 없다"고 말했습니다.

그러다가 최근에는 다시 새로운 위협에 대해 주목하기 시작했습니다. 브론슨 회장은 "최근엔 인공지능, 유전자 조작, 사이버 공격 등 다른 파괴적 기술에 주목하기 시작했다"고 덧붙였습니다. 특히 최근의 위협 요인으로 사이버 공격과 가짜뉴스를 꼽았습니다. 그는 "정보 환경이 복잡해지고 사실과 허구를 구별하기가 점점 어려지고 있다"며 "다른 모든 위협을 더욱 위중하게 만들고 있다"고 말했습니다. 사이버 기반의 허위 정보와 가짜뉴스가 다른 위협핵위협과 기후변화들을 더욱 부추기고 악화시킬 수 있다는 의미입니다.

지구종말시계가 처음 등장했을 당시는 오후 11시 53분이었습니다. 그 후 지금까지 24차례 조정이 이뤄졌습니다. 자정에서 멀어졌던 때도 있습니다. 1963년 미국과 구소련이 부분적 핵실험 금지 조약을 체결했을 때로 11시 48분을 가리킨 바 있습니다. 1991년 미국과 구소련이 전략적으로 무기감축조약을 체결하면서 분침이 자정 17분 전인 11시 43분까지 후퇴했습니다. 그러다가 이제 '지구 종말 100초 전'까지 다가섰습니다. 가짜뉴스에 대응하는 우리의 태도를 새롭게 가다듬어야 하지 않을까요.

목숨까지 빼앗는
가짜뉴스

코로나19가 전 세계로 확산되면서 가짜뉴스와 맞서 싸우는 전 세계 팩트체커들의 활약과 협업도 활발합니다. 팩트체커는 사실 확인과 사실 검증을 본업으로 하는 사람들입니다.

국제적인 팩트체커 연대모임인 국제팩트체킹네트워크IFCN는 코로나19 당시 세계 각국의 가짜뉴스를 모아 함께 검증하는 작업을 진행했습니다. 시작한 지 채 두 달도 되지 않아 45개국에서 100명 이상의 팩트체커와 언론인이 참여했습니다. 이들은 15개국 이상의 언어로 1000건 이상의 검증결과를 내놓았습니다. 그 뒤에도 작업은 계속돼 1년 동안 1만 건이 넘는 허위 정보를 검증했습니다.

크리스티나 타르다퀼라 IFCN 부국장은 "코로나 바이러스만큼 빨리 확산되는 것은 이 치명적인 전염병에 대한 잘못된 정보"라고 주장했습니다. 그는 언론들 간의 협업도 강조했습니다. "우리 모두가 파괴해야 할 괴물은 바로 옆 신문사나 잡지사가 아니라 잘못된 정보다. 그리고 이 전투에서 (이길 수 있는) 기회를 갖기 위해 언론인과 언론 매체가 협력해야 한다"라고 말입니다.

안타까운 사례도 들었습니다. 그녀는 "며칠 전 사람들이 순수 알코올을 마시는 것이 코로나19에 도움이 될 수 있다고 말하는 것을 봤다. 처음에는 너무 터무니없는 소리라고 웃었다. 몇 시간 후 나는 메탄올 소독제에 중독된 이란인 24명이 죽었다는 기사를 읽었다. 내 눈을 믿을 수 없었고, 아무 생각조차 할 수 없었다. 만약 우리가 사실을 확인했다면 어땠을까"라고 말입니다.

실제로 2020년 한 연구논문에 따르면 고농도 알코올이 코로나19에 좋다는 등의 가짜뉴스로 인해 최소 800명 이상이 목숨을 잃었다고 합니다. 가짜뉴스가 수많은 사람들의 목숨까지 위협하는 재앙이 되고 있는 것입니다.

2018년 인도에서 벌어진 일도 믿기 힘들 정도입니다. 한 마을 어린이들 사이에 '호파도라' 괴담이 유행했습니다. 나쁜 짓을 하면 '호파도라'는 납치범이 복면을 쓰고 찾아와 잡아간다는 이야기입니다. 우리나라에서 예전에 유행했던 망태할아버지 이야기와 비슷합니다. 이런 괴담이 디지털 시대를 맞아 더욱 그럴듯하고 빠르고 광범위하게 퍼졌습니다. "그들은 어린이들을 납치하고, 장기를 꺼내기 위해 죽이기도 한다"는 식으로 말입니다.

그런데 2018년 인도에서 한 해에 스물여덟 명이 집단 폭행을 당해 숨졌습니다. 놀랍게도 사망자 대부분은 아동 유괴범(호파도라)으로 몰려 죽었다고 합니다. 이 일로 인도 당국이 인터넷과 소셜 미디어에 대해 "살인의 조용한 관중이 되어선 안 된다"고 촉구할 정도였습니다. 인도에선 스마트폰용 메신저 '왓츠앱'이 가짜뉴스 확산의 주 매개체로 꼽히고 있습니다. 우리나라에서 카카오톡 메시지를 통해 많은 허위조작 정보가 유통되는 것과 비슷합니다.

가짜뉴스를 검증하는 인도 매체 '알트 뉴스Alt News'의 패트릭 시나는 "이제 외딴곳에 사는 사람도 인터넷에 접속할 수 있게 됐다. 이들 중 상당수는 '디지털 문맹', 그러니까 인터넷 사용법 및 문화에 익숙하지 않은 사람들이다. 그런데 이들은 인터넷에서 본 모든 것을 사실이라고 믿는다."고 말했습니다.

알트 뉴스Alt News에서 소개한 아래의 호파도라 괴담 사례는 참혹합니다.

인도 북동부의 아쌈에 살던 29살 닐로트팔 다스는 악기를 연주하는 꿈 많은 청년이었습니다. 평범한 청년이었던 닐로트팔이 아동 유괴범으로 몰린 건 순식간이었습니다. 사건은 2018년 6월 8일로 거슬러 올라갑니다. 친구와 함께 다른 지역에 볼일을 보러 다녀오는 길에 작은 마을을 지나치게 된 닐로트팔.

지역 경찰관은 당시 상황을 이렇게 설명했습니다.

"어떤 남성이 그를 보고 소리쳤습니다. '호파도라가 나타났다,' 이렇게 말이죠."

'호파도라' 괴담이 인터넷을 타고 퍼지며 점차 사실로 받아들여지던 차였습니다.

"어느 날 딸이 학교에서 들었다면서 호파도라가 어린이들의 신장과 안구를 적출한다고 하는 거예요."(마을 주민)

"사람들은 호파도라를 두려워하기 시작했어요. 날이 어두워지면 마을 남자들이 나와서 보초를 섰죠."(마을 학교 교장)

그때 마을에 나타난 외지인 닐로트팔에게 시선이 쏠린 건 당연한 일입니다.

"마을 주민들이 연장을 챙겨들더라고요."(마을 학교 교장)

"사람들이, 유괴범이다, 유괴범이다, 소리를 치기 시작했어요"(마을 주민)

경찰에 따르면 순식간에 주민 200여 명이 모여들었고, 이들은 닐로트팔을 둘러싸고 때리기 시작했습니다. 1시간 뒤 경찰이 출동했고, 닐로트팔은 병원으로 옮겨졌지만 결국 숨을 거뒀습니다. 닐로트팔과 당시 함께 있었던 친구 아비지트 나스도 이날 집단 폭행으로 숨졌습니다. 당시 영상엔 피투성이가 된 닐로트팔이 출신 지역과 아버지의 이름을 말하며 울부짖는 모습이 고스란히 담겼다고 합니다.

우리나라 역시 무수히 많은 허위조작정보가 인터넷과 소셜 미디어를 통해 무차별적으로 유통되고 있습니다. 악성 댓글로 인해 피해를 입는 사람들도 많이 생겨나고 있습니다. 인도에서의 참상이 과연 우리에게는 일어나지 않을지 의문입니다.

코로나 괴담과
인포데믹 infodemic

"머릿속이 공포에 사로잡혀 있으면 사실이 들어올 틈이 없다"는 말이 있습니다. 가짜뉴스에 대한 경고는 어제 오늘 일이 아닙니다. 특히 2016년 미국 대선을 계기로 가짜뉴스는 전 세계적인 관심사가 됐습니다. 이것만이 아닙니다. 정보의 과부화가 심각합니다. 수용 범위를 넘어선 정보가 홍수처럼 쏟아져 나옵니다. 사람들이 진실과 거짓을 구분하기 힘들어졌습니다. 세계가 비슷한 고민에 빠져 있습니다.

설상가상으로 2020년 전 세계를 강타한 코로나19는 온갖 괴담과 허위 정보를 동반했습니다. 여러 나라에서 가짜뉴스와 전쟁을 벌여야 했습니다. '인포데믹Infodemic, 정보전염병'이라는 용어도 등장했습니다. 직역하면 '정보전염병'입니다. 정보Information와 전염병Epidemic을 합친 신조어로 본래는 금융용어입니다. 미국의 전략분석기관 인텔리브리지의 데이비드 로스코프 회장이 2003년 워싱턴포스트 기고를 통해 처음 사용한 용어로, 각종 미디어를 타고 잘못된 정보가 전염병처럼 퍼져나가 사회 문제를 일으키는 현상을 말합니다.

그는 기고문에서 "인포데믹은 한번 발생하면 즉시 대륙을 건너 전파된다"며 몇 가지 예를 제시했습니다. 당시 사스 공포로 아시아 경제가 추락한 일, 9.11 이후 미국 전역에 테러 공포가 기승을 부린 일이 바로 인포데믹의 위력이라고 했습니다.

이때까지만 해도 인포데믹은 새로운 전문용어일 뿐 널리 알려진 것은 아니었습니다. 그러다가 2020년 코로나19로 다시 등장했습니다.

그해 2월 세계보건기구 WHO는 "신종코로나 유행과 대응 국면에 대규모 인포데믹이 동반됐는데, 일부는 정확하지만 일부는 그렇지 않다"며 "대중이 괴담과 사실을 분간하기 어려운 실정"이라고 진단했습니다. 공포와 불안 심리를 비집고 허위 정보와 가짜뉴스 그리고 괴담이 광범위하게 확산되고 있음을 지적한 것입니다.

인포데믹이 화두가 되면서 이를 극복하기 위한 팁도 등장했습니다. 디지털 리터러시 전문가인 워싱턴주립대 마이크 콜필드Mike Caulfield는 왜곡정보 판별법을 소개했습니다. 그는 자신의 정보 리터러시 노하우를 '코로나바이러스 판별법' 사이트infodemic.blog를 통해 공개했습니다.

콜필드는 4가지 원칙과 방법으로 설명하면서 첫 글자를 따서 '시프트SIFT'라고 명명했습니다. SIFT는 간단명료합니다. ▶**이용 중지하기**Stop ▶**출처 찾아보기**Investigate the source ▶**다른 보도 찾아보기**Find better coverage ▶**원래 맥락 속에서 주장과 인용된 방식 확인하기**Trace claims, quotes and media to the original context입니다.

가장 먼저 해야 할 일이 '이용 중지'입니다. 일단 공유하거나 전송하고 나면 되돌릴 수 없습니다. 잠시만 숨을 고르면, 다른 것이 보입니다.

왜 이런 정보가 나왔을지 의문을 갖고, 다른 정보를 찾아볼 수도 있습니다. 충분히 검토하고 신뢰할 만하다는 확신이 들 때 공유해도 늦지 않습니다.

코로나 괴담은 아니지만 우리에게 너무 익숙한 우화 '양치기 소년'도 다시 생각해볼 여지가 충분합니다. 심심했던 목동이 장난으로 마을 사람들에게 '늑대가 나타났다'고 외칩니다. 두 번까지는 도와주러 온 사람들도 진짜 늑대가 나타난 세 번째 요청에는 오지 않습니다. 소년의 양들은 모두 늑대에게 잡아먹혀 버립니다. 이게 그냥 단순한 우화일까요.

1차 세계대전 당시 연합군은 부정적인 여론을 만들기 위해 '독일 점령군이 짐승 같은 짓을 저질렀다'고 날조합니다. 사람들은 극도로 분노했고, 연합군의 전의를 높이는 데 효과를 발휘했습니다. 그런데 전쟁이 끝난 뒤 상황이 뒤바뀝니다. 연합군 주장은 사실이 아닌 것으로 드러납니다. 전쟁 중에 일부 가혹행위가 있었지만 극악무도한 만행은 아니었습니다.

더 큰 문제는 그 다음에 벌어졌습니다. 2차 세계대전 때 나치독일이 실제로 극악무도한 만행을 저지릅니다. 그런데 많은 사람들은 1차 세계대전 당시 연합군의 거짓말을 기억하면서, 실제로 벌어진 나치 만행도 잘 믿지 않습니다. 이는 더 큰 희생을 불렀다고 합니다. 양치기 소년이 등장하는 이솝 우화가 세계대전에도 똑같이 일어난 것입니다. 사소한 거짓말과 거대한 거짓말이라는 차이만 있을 뿐이었습니다.

한 가지 더 살펴볼까요.

19세기 후반 '시온장로들의 의정서'라는 가짜문서가 등장합니다. 유대인들이 세상을 장악해 각국을 전쟁과 기아에 빠뜨리려 한다는 음모론의 씨앗입니다. 역사학자 노먼 콘은 이를 나치 독일이 유대인 학살을 정당화하는 도구로 제시합니다. 그리고 이로 인해 엄청난 학살이 이뤄집니다. 죄의식조차 느끼지 못한 채로 말입니다. 100만명이 넘는 아이들을 비롯해 무려 600만명이 학살당한 홀로코스트 배경에는 '시온장로들의 의정서'가 있었다고 합니다.

독일의 극작가 프리드리히 헤벨은 "한 번의 거짓말로 당신은 그 진실 하나만 잃는 게 아니라 진실 자체를 잃는다"고 말했습니다. 가짜뉴스는 운 나쁜 한두 명만 속는 것이 아닙니다. 당신의 소중한 가족과 친구들을 포함한 많은 사람들의 삶을 파괴하고 사회의 근간을 흔드는 것입니다.

인공지능의 역습, 딥페이크 deepfake

가짜뉴스가 만연해지면서 그 폐해가 단순히 '탈진실Post Truth'에 그치지 않고, '진실의 종말End of truth'로 갈 수 있다는 우려가 커집니다. 무엇이 '진실의 종말' 까지 우려하게 만들었을까요. 바로 딥페이크Deepfake 기술로 인한 위협입니다.

딥페이크는 인공지능의 바탕이 되는 기계학습 기법인 딥러닝Deep learning, 심층학습을 사용해 원본과 다른 이미지와 영상을 만드는 조작기술을 말합니다. AI 기술과 안면 매핑Facial mapping, 안면 스와핑Face swapping 기술을 이용해 만든 가짜 영상입니다. 특정 인물의 얼굴이나 신체 부위를 전혀 다른 영상과 합성해 새로운 영상을 만들어 냅니다.

신경망을 사용하는 딥러닝의 '딥Deep'과 가짜라는 의미의 '페이크Fake'를 합친 것이 딥페이크입니다. 사실 그간 AI 기반의 인간 이미지 합성 기술은 첨단 영화제작에 활용되는 등 산업 차원의 잠재력이 매우 큰 기술로 주목받아 왔습니다. 그런데 이것이 악용되면서 사회문제가 되고 있는 실정입니다. 딥페이크를 'AI의 역습'이라고 부르는 이유입니다.

많이 알려진 사례들이 있습니다. 낸시 팰로시 미국 하원의장이 혀가 꼬여 말이 잘 안 나오는 상태에 있는 듯한 영상이나, 마크 저커버그 페이스북 최고경영자가 자신이 '세상을 손에 넣었다'고 거만하게 말하는 영상이 대표적입니다. 이 정도는 장난에 가깝습니다. 중요한 선거 등에서 조작된 영상으로 유권자들을 혼란에 빠트린다면 상황은 심각해집니다. 표심을 조작하고 민주주의를 해칠 수 있기 때문입니다. 뿐만 아니라 포르노에 여성들 얼굴을 합성하는 등 악용 사례까지 등장하며 심각한 사회문제가 되고 있습니다. 한국에서는 한류 스타들을 대상으로 한 딥페이크, '지인능욕' 등의 음란물이 이미 큰 문제입니다. 2019년 딥트레이스Deeptrace 보고서에 따르면 전 세계 딥페이크 기술 관련 음란물 사이트는 미국이 41%로 가장 많았으며, 다음이 한국으로 25%를 차지했습니다. 부끄러운 일입니다.

영상만이 아닙니다. 음성 조작도 이뤄집니다. 멕시코에서는 2018년 대통령 선거 캠페인 후반에 딥페이크 음성메시지가 크게 문제가 됐습니다. 메시지는 "대통령 후보인 안드레스 마누엘 로페스 오브라도르의 캠페인 종료식 참가자들이 후보 캠프에서 받은 선불카드로 TV를 구입하러 가게 앞에 모여 있다"는 내용으로 4분가량의 가짜 음성이었습니다.

전문가들은 딥페이크의 부정적 파괴력은 아직 충분히 드러나지 않았다고 경고합니다. 정치·경제·외교안보 등 다양한 분야에 큰 영향을 미칠 수 있다고 지적합니다.

정치 영역에서는 각국의 선거에 심대한 영향을 미칠 수 있습니다. 특히 대선 투개표 전날 후보자에게 불리한 조작 영상이 유포되면 이를 바로잡을 충분한 시간도 없이 돌이킬 수 없는 결과를 야기할 수 있습니다.

외교안보 영역에서는 정보 전쟁의 도구로 활용될 위험이 존재합니다. 실제로 미국과 유럽 국가들은 러시아와 중국이 딥페이크 기술을 정보전에 이용하고 있다고 주장합니다. 또 경제 영역에서는 기업의 신규 주식공개 IPO 직전에 경영자의 범죄행위 관련 허위 동영상이 확산되거나 주식 관련 허위 정보를 결합한 영상들이 배포된다면 큰 타격을 줄 수도 있습니다.

이처럼 전문가들은 일상생활에서 딥페이크 기술이 만연해지면서 의심이 필요한 내용에 대해서도 쉽게 넘어가는 경우가 있다고 우려합니다. 문제를 해결하기 위해서는 간단한 방법을 통해 일상적으로 보고 있는 내용에 대해 의심하는 습관이 필요하다고 충고합니다.

일례로 미국 인터넷매체 버즈피드는 딥페이크 영상을 구별하기 위한 5가지 방법을 소개합니다.

▶ **바로 누구라고 결론을 내리지 말라**Don't jump to conclusions

▶ **영상의 출처를 살펴봐라**Consider the source

▶ **다른 곳에도 있는지 검색해 봐라**Check where else it is (and isn't) online

▶ **화자의 입모양을 면밀하게 살펴봐라**Inspect the mouth

▶ **천천히 돌려 봐라**Slow it down

그런데 딥페이크 기술이 급속도로 진화하고 있어, 최근에는 입모양을 살피거나 천천히 돌려보는 것으로도 진짜와 가짜를 구별하기가 쉽지 않습니다.

이제는 영상도 음성도 모두 조작이 가능한 시대가 됐습니다. 종말로 향하는 진실을 제자리로 돌려놓아야 하지 않을까요.

국내에서도 딥페이크에 대한 위기의식이 커지고 있습니다. 이 때문에 시민참여형 팩트체크 플랫폼인 팩트체크넷에서는 검증 코너에 딥페이크를 별도코너로 마련해 다양한 정보와 팁을 제시하고 있습니다. 특히 여기에는 딥페이크를 식별할 수 있는 능력을 테스트해 볼 수 있는 퀴즈도 마련해 놓고 있고, 딥페이크를 제보할 수 있는 창도 있어서 여러모로 활용하기에 좋습니다.

가짜뉴스는
사회의 독버섯

때로는 동화책이 많은 시사점을 주기도 합니다. 재미와 교훈이 절묘하게 결합돼 있기 때문입니다. 이런 책 가운데 하나가 《감기 걸린 물고기(2016)》[10]입니다. 알록달록 예쁜 책이지만 소문, 거짓말, 따돌림 등 무거운 소재가 책의 전반을 관통합니다. 물고기 떼들의 뒷담화도 흥미진진합니다. 대강의 줄거리는 다음과 같습니다.

주인공은 배고픈 아귀와 알록달록한 물고기 떼입니다. 아귀는 물고기를 잡아먹고 싶지만, 항상 똘똘 뭉쳐 헤

10 《감기 걸린 물고기》, 박정섭, 2016, 사계절

엄치는 녀석들이라 쉽지 않습니다. 어떻게 잡아먹을 수 있을까 궁리하던 아귀는 물풀 사이에 숨어 조그만 목소리로 소문 하나를 내기 시작합니다.

"얘들아~ 빨간 물고기가 감기에 걸렸대~"

이 작은 한마디가 물고기 떼를 순식간에 뒤흔듭니다. 처음에는 물고기가 무슨 감기냐고 코웃음을 치지만 아귀는 그럴듯한 논리를 내세웁니다. 빨간 물고기가 감기로 열이 나서 온몸이 빨개졌다는 겁니다. 이렇게 되자 물고기 떼 사이에 혼란과 분열이 일어납니다. "우리한테 옮기기 전에 내쫓자!" 결국 빨간 물고기를 추방합니다.

쫓겨난 빨간 물고기는 아귀의 먹잇감이 됩니다. 이게 끝이 아닙니다. 아귀는 같은 방법으로 노란 물고기, 파란 물고기에 대해서도 차례차례 소문을 냅니다. 노란 물고기는 감기로 콧물이 흘러 노랗게 됐고, 파란 물고기는 아파서 파랗게 질렸다는 겁니다.

이 과정에서 드러나는 물고기의 반응이 흥미롭습니다. 앞장서 내쫓자는 물고기도 있고, 걱정하는 물고기, 주변을 의심하는 물고기, 친구마저 외면하는 물고기 등 다양한 군상이 생생하게 소개됩니다. 재난이나 위기상황에 인간이 보여주는 모습과 흡사합니다.

많은 물고기들이 아귀의 먹잇감이 되고 나서야 남은 물고기들 사이에서 자성이 일기 시작합니다.

"너희들 감기 걸린 물고기 본 적 있어?"

"소문은 누가 내는 거지?"

하지만 이미 늦었습니다. 물고기들은 이미 모두 아귀의 밥이 되었습니다. 다행히 아이들을 위한 동화인 만큼 뒷부분에 반전은 등장합니다.

이 동화는 최근 수년간 가짜뉴스가 어떻게 사람들 사이에 파고들어 건강한 삶을 망쳤는지 되돌아보게 합니다. 사람들 머릿속을 휘젓고 마음을 혼란스럽게 만들어, 갈등을 부추기고 분열을 조장합니다.

비록 물고기 이야기에서는 반전이 있지만, 인간 사회에도 반전이 있을까요. 가짜뉴스가 만연한 지금 우리에게 필요한 것은 '이게 진짜일까' 묻고 의심하는 것부터가 아닐까요.

언젠가 독버섯에 대한 이야기를 들은 적이 있는데요, 그 속성이 가짜뉴스와 절묘하게 닮았습니다.

먼저, 독버섯은 화려한 색깔이나 모양으로 사람들을 유혹합니다. 자극적인 제목, 분노나 불쾌감을 자아내는 영상 등으로 사람들의 눈길을 끄는 가짜뉴스와 비슷합니다. 또 독버섯은 그늘지고 습한 공간에서 잘 자랍니다. 밝고 강렬한 햇볕 아래에서는 힘을 쓰지 못합니다. 가짜뉴스도 마찬가지입니다. 공개적이고 확실한 근거를 요구하는 사회적 토양에서는 뿌리내리기가 쉽지 않습니다. 또, 빠르게 번집니다. 잘 키운 식용버섯보다 마구잡이로 자라나는 독버섯의 번식력이 더 강력합니다. 가짜뉴스의 전파속도가 진짜뉴스보다 훨씬 빠르게 퍼진다는 것은 이미 여러 연구를 통해 입증됐습니다.

독버섯은 인체에 치명적입니다. 가짜뉴스도 마찬가지입니다. 앞서 인도 사례처럼 사람의 생명을 빼앗게 하고, 전쟁에서 대학살의 근거로 악용되기도 합니다.

식용 버섯과 구분도 쉽지 않습니다. 화려한 색의 독버섯도 있지만, 식용버섯과 비슷한 모양과 색깔, 향을 내는 것도 있습니다. 전문가조차 구분이 어렵습니다. 가짜뉴스가 수많은 뉴스와 정보들 속에 숨어 사회를 혼란에 빠트리는 것도 비슷합니다.

그래서일까요. 요즘 시대에는 참과 거짓, 허위 정보와 진짜 정보를 누군가 칼로 자르듯 대신 판정해 주면 좋겠습니다. 옳고 그름(시비)과 선악을 가려낸다는 전설 속 동물 '해치(해태)'처럼요. 만약 동화 '백설공주' 속 거울도 실제로 존재한다면 가짜뉴스를 가리는 데 안성맞춤일 겁니다. 모든 것이 불확실한 시대엔 목에 칼이 들어와도 거짓말을 못하는 거울의 단호함이 무척 필요해 보입니다. 하지만 현실은 그렇지 못합니다. 해치도, 백설공주 속 거울도 존재하지 않습니다. 그래서 우리 모두가 다함께 해치가 되고 거울이 되어야 합니다.

3.
사람들은
왜
가짜뉴스에
속을까

사람들 머릿속을 파고드는 허위 정보

많은 사람들이 가짜뉴스가 위험하고 나쁘다는 걸 알 텐데, 도대체 왜 속는 걸까요. 왜 갈수록 만연할까요. 니먼저널리즘연구소 소속 인지과학자 줄리안 매튜스Julian Matthews는 사람들 머릿속에 어떻게 가짜뉴스가 들어오고 어떻게 이를 막아낼 수 있을지를 집중적으로 고민했습니다. 심리학적 관점에서 그는 가짜뉴스에 맞서기 위해 거짓 정보가 어떻게 사람의 생각에 들어오는지 그 과정을 이해해야 한다고 말합니다. 어떻게 기억이 작동하고, 왜곡되는지를 면밀히 살피는 것입니다.

먼저 정보 출처에 대한 기억은 어떻게 왜곡될까요.

가짜뉴스는 잘못된 책임 전가를 통해 생겨납니다. 사건은 기억하지만 출처를 기억하지 못하는 경우가 그렇습니다. 비슷한 예가 광고입니다. 사람들은 어떤 상품을 보며 '전에 본 적이 있다'는 친밀감을 느끼지만, 그게 광고 때문이라는 것을 기억하지 못하는 경우가 많습니다. 가짜뉴스 역시 마찬가지입니다. 어디서 들은 것 같고, 본 것 같은데 그 출처가 가짜뉴스였다는 것을 기억하지 못하는 것입니다.

2016년 미국 대선 기간에 발행된 가짜뉴스의 제목을 분석한 연구가 있습니다. 연구자들은 오직 하나의 헤드라인만으로도 뉴스콘텐츠에 대한 믿음이 생겨날 수 있다고 말합니다. 효과는 적어도 1주일 동안 지속됩니다. 심지어 그 정보가 사실이 아닐 수 있다는 경고가 제목과 함께 제시되거나, 참가자들이 해당 정보를 거짓으로 의심하는 상황에서도 이런 효과가 계속 나타납니다. 이처럼 일단 한번 입력된 허위 정보는 일정기간 동안 계속 영향력을 미치는 것입니다.

또 같은 정보에 반복적으로 노출되면 거짓 정보도 사실이라고 믿습니다. 반복은 다수의 사람이 잘못된 기억을 가지게 하는 '만델라 효과Mandela Effect, 집단적 동의'를 만들어냅니다.

물론 사람들이 집단으로 어린 시절 만화영화 같은 재미있는 정보를 잘못 기억하는 것은 무해할지 모릅니다. 그러나 홍역 발생 같은 사건을 집단으로 잘못 기억하게 만든다면 심각한 결과를 초래할 수 있습니다. 또 단어를 연결하는 데 뛰어난, 창의적인 사람들이 거짓 기억에 특히 취약하다고 합니다. 특정 집단의 사람들이 다른 사람들보다 가짜뉴스를 더 쉽게 믿을 수 있다는 얘기입니다. 물론 그 누구도 이런 위험에서 자유롭지는 않습니다.

다음은 편향입니다. 편향은 우리의 감정과 세계관이 기억을 형성하는 과정에 영향을 미칩니다. 사람들은 인간의 기억 장치가 사건을 보관하는 기록보관사라고 믿지만, 사실은 이야기꾼에 가깝습니다. 기억은 정확한 기록보다는 우리의 믿음에 기초해 만들어지고, 일관된 이야기

구조를 유지하려 합니다.

일례로 '선택적 노출'이 있습니다. 이는 우리가 기존의 믿음과 일치하는 정보를 더 많이 찾고, 반대되는 정보를 피하려는 경향입니다. 이를 뒷받침하는 것이 뉴스 시청자들입니다. 편파적이며, 자신들만의 반향실에코 챔버, 닫힌 공간에서 자신과 비슷한 성향의 사람들하고만 어울리며 편향된 생각을 갖게 되는 현상 안에만 존재하려 합니다.

흔히 온라인 공동체가 비슷한 행동을 보이고 가짜뉴스 전파에 더 많이 기여한다고 생각하지만, 근거 없는 얘기입니다. 오히려 정치 뉴스 사이트가 더 다양한 사상 배경을 가진 사람들로 가득 차 있습니다. 온라인보다 실제 삶에서 에코챔버 효과가 더 많이 관찰되는 것입니다.

인간의 뇌는 우리가 믿는 것들이 신뢰할 수 있는 출처를 가졌다고 가정하도록 짜여 있습니다. 강한 믿음을 가진 사람들은 그들의 믿음과 관련 있는 정보는 물론, 반대되는 정보까지 모두 기억합니다. 자신의 믿음에 반하는 견해를 반박하기 위해서입니다.

대부분의 가짜뉴스는 사람들의 눈길을 끕니다. 가짜뉴스가 강렬한 감정적 반응을 이끌어내고, 사람들에게 익숙한 이야기 구조를 기반으로 하고 있기 때문입니다. 반면 이를 수정하거나 바로잡기 위한 올바른 정보는 감정에 미미한 영향만 끼칩니다. 그래서 이런 노력이 효과를 보려면 가짜뉴스와 비슷한 이야기 구조를 가지도록 설계돼야 합니다.

그렇다면 가짜뉴스에 어떻게 저항해야 할까요.

바로 과학자처럼 생각해야 합니다. 개인적 편향을 인정하면서 호기심을 갖고 의문을 제기하는 것입니다.

가짜뉴스를 접할 때 다음과 같은 질문을 던져야 합니다.

우선 어떤 종류의 콘텐츠인지 확인합니다. 많은 사람들이 소셜 미디어와 뉴스를 주요 출처로 이용합니다. 그 공간에서 어떤 정보를 접하면 그게 뉴스사실인지 아니면 오피니언의견인지, 또는 유머나 패러디인지 살펴야 합니다. 이는 완전한 정보를 기억에 통합시키는 데 도움을 줍니다.

다음은 어디서 발행된 정보인지 살펴봅니다. 이는 정보 출처를 기억에 입력시키는 데 중요합니다. 특히 큰 사건의 경우 다양한 출처에서 해당 사건을 이야기하기 때문에 세부 정보에 더 주의를 기울여야 합니다.

마지막 질문은 해당 콘텐츠를 받아들일 때 누가 이익을 볼 것인지 추론해 보는 것입니다. 이는 우리 자신의 이익과 개인적 편향이 개입돼 있는지 여부를 살피는 데 도움을 줍니다.

사람들이 가짜뉴스에 취약한 이유는 부실한 주장을 용인하기 때문입니다. 정보의 출처에 주의를 기울이고, 정보의 맥락이 잘 기억나지 않을 경우 자신의 지식에 의문을 제기하면서 우리는 맞설 수 있습니다.

반복이 만든
착각

'삼인성호三人成虎'라는 고사성어가 있습니다. 《한비자》에 나오는 이야기로, 세 사람이 입을 맞추면 없던 호랑이도 만들어낸다는 의미입니다.

중국 전국시대 위(魏)나라의 대신 방공이 조(趙)나라에 인질로 가는 태자를 수행하게 됐습니다. 길을 떠나며 방공은 왕에게 이렇게 말합니다.

"한 사람이 달려와 '시장에 호랑이가 나타났다'고 외치면 임금께서는 믿으시겠습니까?"

왕이 말했습니다.

"당연히 믿지 않지."

방공이 다시 말했습니다.

"그렇다면 두 사람이 나타나 '시장에 호랑이가 나타났다'고 외치면 믿으시겠습니까?"

"그래도 믿지 않지."

방공이 다시 말했습니다.

"세 사람이 '시장에 호랑이가 나타났다'고 외치면 그래도 믿지 않으시겠습니까?"

그러자 왕이 대답했습니다.

"그렇다면 믿을 수밖에 없겠지."

이 말을 들은 방공이 말했습니다.

"시장에 호랑이가 나타날 리 없는 건 세상이 다 아는 사실입니다. 하지만 세 사람이 한목소리로 말하면 호랑이는 나타난 것입니다. 지금 제가 태자를 모시고 가려는 조나라 수도 한단은 위나라 시장과는 비교도 할 수 없을 만큼 먼 곳입니다. 게다가 제가 조정을 비운 사이 저에 대해 이런저런 말을 할 사람은 셋 정도가 아닐 것입니다. 모쪼록 임금께서는 잘 판단하시기 바랍니다."

왕은 걱정 말라고 답했습니다. 그러나 한참이 지난 후 방공이 귀국했을 때, 위왕은 이미 측근들에게 현혹돼 방공을 만나려 하지 않았습니다. 결국 방공은 조정에 복귀하지 못했습니다.

비슷하게 쓰이는 고사성어로 '증삼살인曾參殺人'이 있습니다. 반복된 거짓이 어떻게 진실로 둔갑하는지를 보여주는 또 다른 예입니다.

공자의 제자 중 증삼이라는 어진 이가 있었습니다. 다만 집안이 무척 가난해 어머니가 베틀을 돌리며 어렵게 살고 있었습니다.

어느 날 이웃집 사람이 와서 말합니다.

"증삼이 사람을 죽였답니다. 어서 피하십시오."

"우리 아들이 그럴 리 없습니다"

어머니는 태연히 베틀을 돌렸습니다. 그런데 잠시 후 또 다른 사람이 와서 거듭 말합니다.

"당신 아들이 사람을 죽였다오."

"그럴 리가 없소"

이번에도 어머니는 태연히 계속 베틀을 돌렸습니다.

그러다 세 번째로 사람이 달려와 똑같은 얘기를 합니다.

"증삼이 사람을 죽였답니다."

어머니는 즉시 일어나 베틀을 자르고 담을 넘어 도망갔습니다.

'삼인성호'와 '증삼살인'을 심리학에서도 비슷하게 설명합니다. 바로 '진실착각 효과Illusory truth effect'입니다. 진실착각 효과는 무언가를 반복해서 접하다 보면 그것을 진실로 받아들이게 되는 인지편향입니다. 1970년대 이를 처음 발견한 캐나다 토론토대학교 심리학자 린 해서는 "귀에 못이 박이도록 듣다 보면 터무니없는 소리도 그럴듯하게 들리는 법"이라고 말합니다.

이를 가장 잘 활용하는 사람들은 기업의 마케팅 담당자나 정치인일 겁니다.

미국에서 유명했던 광고 가운데 '이마에 직접 발라야 효과가 있는 진통제'가 있었습니다. 광고 전략은 아주 단순합니다. 어떤 성분이 어떻게 작용해 덜 아프게 하는지에 대해서는 일언반구도 없습니다. 대신 처음부터 끝까지 줄곧 이마에 직접 발라야 좋다는 말만 반복합니다.

처음에는 딱풀 같은 걸 왜 이마에 바르는지 이상하다가도, 광고를 자꾸 보면 왠지 당장 약국에 사러 가야만 할 것 같습니다. 다른 진통제는 소용이 없을 것 같습니다. 한 가지 주장을 거듭 반복하는 사이 그 주장이 진실인지 아닌지는 중요하지 않게 된 것입니다.

가짜뉴스가 퍼지고 사람들의 눈과 귀를 가려 진실로 둔갑하는 과정도 비슷합니다.

정치적 선전도 마찬가지입니다. 정치인이 주장하는 선동적인 문구나, 기업 광고가 복잡하지 않은 구호를 끊임없이 반복하는 이유도 같은 이유입니다. 이를 누구보다 잘 알았던 히틀러는 저서 《나의 투쟁》에서 이렇게 썼습니다.

"정치적인 구호는 이를 듣는 사람이 한명 한명 다 정확히 무슨 뜻인지 이해할 때까지 끊임없이 반복해서 들려주고 보여줘야 한다."

그렇다면 이런 착각은 구체적으로 왜 일어나는 걸까요. 그것은 우리 뇌가 새로운 정보가 진실인지를 판단할 때 두 가지 기준을 따르기 때문입니다.

첫 번째 기준은 '기존에 알던 것과 얼마나 일치하는지'입니다. 이것은 논리적인 과정이라고 여겨집니다. 새로운 정보가 참인지 거짓인지를 따질 때 우리가 이미 아는 사실과 비교하는 건 당연합니다.

문제는 '얼마나 익숙한 것인지'를 따져보는 두 번째 기준입니다. 새로운 정보가 얼마나 익숙한지 여부에 따라 참과 거짓을 판단하는 것입니다. 주변에서 많이 들어봤다고 해서 그 주장을 사실로 믿을 합리적 이유가 되지는 않습니다. 하지만 연구진은 익숙함에 기대는 두 번째 기준이 논리적인 첫 번째 기준보다 더 강력하게 작용한다고 말합니다. 같은 이야기를 자꾸 들으면 진짜처럼 느껴지기 마련입니다. 이렇게 다들

이야기하는데 거짓말일 리 없다는 거죠.

합리적으로 사고하는 것은 원래 어렵고 귀찮은 법입니다. 시간과 노력을 들여야 하고, 때론 머리 싸매고 고민해야 할 때도 있습니다. 가뜩이나 바쁘고 할 일이 많은 우리의 뇌는 대세에 지장이 없다면 익숙한 것을 사실로 처리하고 다음 작업을 하려는 걸지도 모릅니다.

진실착각 효과를 극복하는 방법은 다른 인지편향을 극복하는 법과 다르지 않습니다. 그 첫걸음은 '내가 보고 듣는 것이 사실이 아닐 수 있다', '내가 인지편향에 빠져있을 수 있다'는 걸 깨닫는 겁니다. 사실처럼 보이는 주장을 들었는데, 그 이유를 정확히 듣지 못하겠다면 잠시 숨을 고르고 근거가 될 사실과 데이터를 찾아내야 합니다. 진실을 깨닫는 일은 원래 간단치 않습니다.

트럼프의
가짜뉴스 10단계

반복적인 가짜뉴스가 진실처럼 받아들여지는 매커니즘을 교묘하게 이용하는 사람들이 있습니다. 특히 이런 방식에 능했던 사람이 바로 도널드 트럼프 전 대통령입니다. 로버트 라이시 교수는 트럼프 전 대통령의 사례를 들어 거짓이 진실로 둔갑하는 작동방식에 대해 설명했습니다. 라이시 교수는 '트럼프는 왜 뻔한 거짓말을 계속 되풀이할까요'라고 묻습니다. 바보가 아닌 이상 자신의 뻔한 거짓말을 사람들이 곧바로 믿지 않을 것을 알 텐데 말입니다. 여기에도 분명한 이유가 있다는 게 라이시 교수의 설명입니다.

트럼프는 다음과 같은 10단계를 거치면서 거짓말을 '거의 사실'로 바꿉니다.

1. 거짓말을 한다.
2. 전문가들이 트럼프의 주장을 근거 없고 틀렸다고 반박한다.

3. 트럼프는 전문가와 언론이 정직하지 않다고 맹렬하게 비난한다.

4. 트위터와 연설에서 이 거짓말을 계속하고, 동의하는 사람이 많다고 주장한다.

5. 주류 언론이 거짓말을 사실여부에 논란이 있다고 표현한다.

6. 트럼프는 트위터, 인터뷰, 연설을 통해 추종자들은 TV와 블로그를 통해 거짓말을 반복한다.

7. 주류 언론들이 트럼프 거짓말에 대해 '논쟁이 치열하다'고 표현한다.

8. 대부분 공화당 지지자지만, 트럼프의 거짓말을 믿는 사람이 증가했다는 여론조사 결과가 발표된다.

9. 언론이 트럼프의 거짓말에 대해 '정당마다 의견이 분분하고 많은 사람이 사실로 여긴다'고 표현하기 시작한다.

10. 사람들은 무엇이 사실인지 혼란스러워한다. 트럼프의 목적은 이루어진다.

라이시 교수는 너무나 뻔한 거짓말이 논란과 혼선을 반복하면서 진실로 둔갑하는 과정을 설명하면서 "트럼프의 거짓말이 사실로 바뀌도록 방치하지 말라. 진실을 파악하고 주위에 알리라"고 강조했습니다. 또 언론을 향해서는 "애매한 표현 대신에 트럼프 거짓말을 거짓말이라고 보도해야 한다"고 꼬집었습니다. 사회적 영향력이 큰 인사들이나 유력 정치인들이 만들어내는 뻔한 거짓말을 더 이상 방치해서는 안 되는 이유가 여기 있습니다.

비슷한 사례가 있습니다. 지구온난화에 대한 미국 공화당 지지자들의 태도입니다. 1990년대 상당히 많은 공화당과 민주당 지지자들이 지구온난화를 사실로 받아들였다고 합니다. 그런데 1997년 교토의정서

체결 이후 우파의 공격을 받고 공화당의 신념은 약해지기 시작합니다. 다양한 반박논리가 맹목적으로 인용보도됩니다.

그로부터 10년이 지난 뒤 어떻게 달라졌을까요. 2007년 민주당 지지자 86%가 기후변화의 명백한 증거가 있다고 믿지만, 공화당 지지자는 62%만 믿는 것으로 나타났습니다. 이듬해인 2008년에는 공화당 지지자 49%만 지구온난화를 믿고, 2009년에는 35%만 동의하게 됩니다. 더구나 온난화의 주된 원인이 인간의 활동이라고 생각하는 이들은 18%에 그쳤다고 합니다.

잘못된 주장이 계속 반복되면서 사람들의 올바른 생각마저 어떻게 왜곡시키는지 보여주는 사례가 아닌가 싶습니다.

누가 더 가짜뉴스에
잘 속을까

나이와 계층을 막론하고 가짜뉴스에 속고 싶은 사람은 없습니다. 그런데 각종 연구에 따르면 가짜뉴스에 취약한 계층이나 집단이 있는 것이 종종 확인됩니다.

가령 정치 성향으로 볼 때 보수 성향의 사람들이 진보 성향의 사람들에 비해 가짜뉴스에 상대적으로 더 잘 속는다는 것이 최근 연구에서 밝혀졌습니다. 그런데 그 이유가 단순합니다. 가짜뉴스 자체가 우익에 편향된 경우가 더 많기 때문입니다. 미국 오하이오주립대학교 연구진의 조사에서 드러난 사실입니다. 연구신은 온라인 연구조사업체를 통해 미국인 성인 1204명에게 2019년 1월부터 6개월간 2주에 한 번씩 온라인에서 가장 인기 있는 정치 분야의 진짜뉴스와 가짜뉴스 10건씩을 보내줬습니다. 그런 다음 이들이 읽은 뉴스에 기반한 20가지 문장을 준 뒤 참인지 거짓인지 구분하도록 했고, 이를 다시 자신의 생각과 얼마나 일치하는지 4점 척도로 답하도록 했습니다.

또 참여자 가운데 진보주의자 5명과 보수주의자 5명을 따로 뽑아 정치, 사회, 과학, 문화, 스포츠 등 다양한 주제에 대해 다른 관점을 보이는 진술 240개를 제시한 뒤 평가하도록 했습니다. 이와는 별도로 온라인에서 사람을 모아 똑같은 뉴스를 주고 해당 정보들이 사실이라고 할 때 진보에 유리할지, 보수에 유리할지 아니면 중립적인지를 판단하도록 했습니다.

실험 결과는 어떻게 나왔을까요.

진보주의자와 보수주의자 모두 자신이 접한 정보의 진실성 여부와 상관없이 자신의 정치적 성향에 맞는 정보를 더 신뢰하는 이른바 확증편향을 보였습니다. 이처럼 양측 모두 확증편향이 나타나지만 그 차이는 극명했습니다.

예를 들어 "조사관이 텍사스의 여러 이주민 시설에서 극심한 과밀과 심각한 건강 위험 요소 등 상태가 열악함을 확인했다"는 진짜 정보에 대해 민주당원은 54%가 진실이라고 답한 반면, 공화당원은 18%만이 진실이라고 답했습니다. 또 "힐러리 클린턴이 국무부 장관으로 일하는 동안 러시아와 결탁해, 클린턴재단에 기부금을 내는 대가로 미국 우라늄 공급량의 20%를 러시아에 팔았다"는 가짜뉴스에 대해선 민주당원의 2%만이 진실이라고 답변한 반면 공화당원은 41%가 진실이라고 답변했습니다.

또 진짜뉴스의 65%가 진보진영에 유리하고, 보수진영에 유리한 것은 10%에 불과하며, 가짜뉴스의 46%는 보수진영에 유리하고, 진보진영에 유리한 것은 23% 정도라는 응답도 나왔습니다. 결국 보수주의자들이 가짜뉴스에 노출될 위험이 더 크고, 더 취약하다는 것이 입증된 셈입니다.

연구를 이끈 켈리 개릿 교수(커뮤니케이션학)는 "미국의 진보주의자와 보수주의자들은 모두 자신의 정치적 견해와 맞는 주장들을 믿는 경향이 있지만, 보수적 입장을 지지하는 가짜정보가 너무 많은 탓에 보수주의자들이 더 자주 잘못된 방향으로 이끌린다"고 말했습니다.

개릿 교수는 "민주주의의 퇴보는 사람들이 진실과 거짓을 구별할 수 없을 때 나타난다"면서 "많은 사람에게 정확도와 신뢰성이 높은 정보를 제공하기 위해서는 정보 공급과 수용 환경이 바뀌어야 할 것"이라고 덧붙였습니다.

국내에도 가짜뉴스에 대한 흥미로운 연구결과가 있습니다.

통일연구원의 '통일의식조사 2021'에서 확인된 내용입니다. 통일연구원은 한국리서치에 의뢰해 4월 26일부터 5월 18일까지 만 18세 이상 성인남녀 1003명을 상대로 대면 면접을 진행했습니다. '대북전단 금지법에 따라 북중 국경을 통해 한국드라마 USB를 보내도 처벌된다', '문재인 대통령이 군사분계선을 잠깐 넘어간 것은 국가보안법 위반이다'와 같은 가짜뉴스 8개를 보여주고 응답자의 정답 판별을 평균 냈습니다.

이 조사에서 북한 관련 가짜뉴스에 대해 2030세대가 더 취약하다는 연구결과가 나왔습니다.

연령대별 북한 관련 가짜뉴스 식별도를 조사한 결과 만 18~29세의 점수가 4.7점(8점 만점)으로 가장 낮았고, 30대가 5.2점으로 그 뒤를 이었습니다. 이에 반해 40대와 50대는 각 5.8점, 60세 이상의 가짜뉴스 식별도는 5.4점으로 나타났습니다. 성별로는 여성의 북한 가짜뉴스 식별도가 5.2점으로, 남성(5.6점)보다 낮은 것으로 나타났습니다.

교육 수준별로는 중졸 이하(5.2점)가 북한 가짜뉴스를 가장 구분하지 못했고, 고졸(5.4점), 전문대 이상(5.5점) 순으로 나타났지만 격차는 미미했습니다.

소득별로는 월평균 가구소득이 300만원 이하인 계층(5.7점)이 가짜뉴스를 덜 믿고, 중산층으로 볼 수 있는 소득 401만~500만원 계층(5.0점)이 가짜뉴스를 평균적으로 더 믿는 것으로 드러났습니다.

가구 월평균소득별 북한 관련 가짜뉴스 식별도

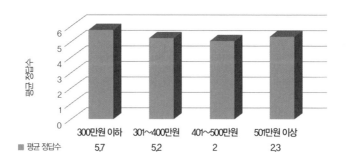

젊은 세대의 북한관련 가짜뉴스 판별능력이 떨어지는 것은 북한문제에 대한 관심도와도 직결돼 있습니다. 이른바 밀레니얼세대(1991

년 이후 출생자)의 74.1%가 북한에 무관심한 것으로 나타났고, IMF세대 1981~1990년 출생의 무관심 비율도 68.3%로 전체평균 61%보다 높은 편으로 조사됐습니다.

4.
가짜뉴스를
골라내는
노하우

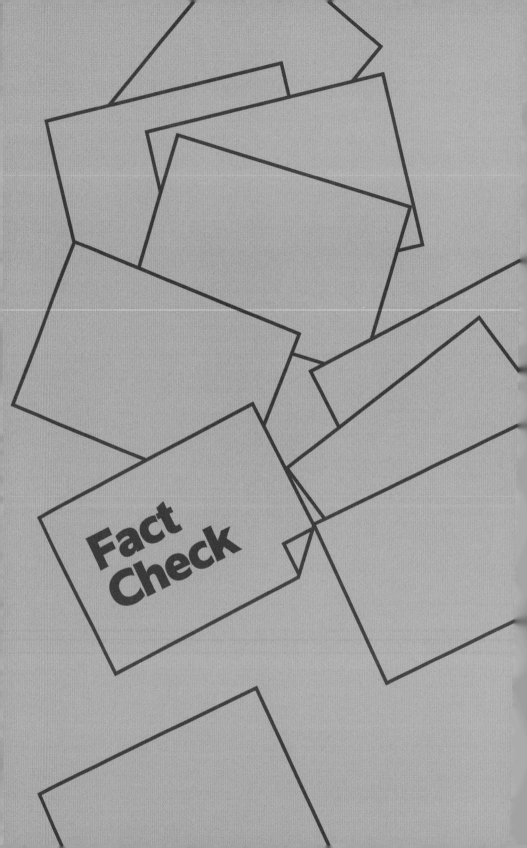

Fact
Check

불가리스 사태와 가짜 과학뉴스

코로나19가 여전히 기승을 부리던 2021년 4월 남양유업에서 엄청난(?) 뉴스를 발표했습니다. 자사 제품인 불가리스 완제품이 인플루엔자바이러스H1N1와 코로나19에 효과가 있음을 국내 최초로 확인했다는 것이었습니다.

박종수 당시 남양유업 항바이러스면역연구소장은 한 심포지엄에서 이 같은 내용을 발표하면서 "불가리스 발효유 제품에 대한 실험 결

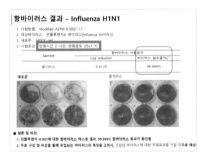

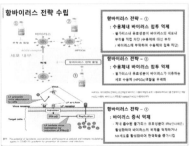

과 H1N1을 99.999%까지 사멸하는 것을 확인했고, 코로나19 억제 효과 연구에서도 77.8% 저감 효과를 확인했다"고 밝혔습니다.

이런 내용이 언론을 통해 특별한 검증 없이 소개되면서 짧은 시간이지만 주가는 치솟고, 일부 매장에서 불가리스 제품 품절사태까지 벌어졌습니다. 하지만 진실이 밝혀지는 데는 그리 오래 걸리지 않았습니다. 동물시험이나 임상시험을 거치지 않았다는 점 등 발표를 곧이곧대로 믿기에는 허술한 대목이 너무 많았기 때문입니다. 당시 발표로 사회적으로 혼란을 야기했고, 큰 파장이 일었습니다. 질병청과 식약처도 대응에 나섰고, 남양유업은 8억 2천여만원의 과징금을 받았습니다. 뿐만 아니라 홍원식 남양유업 회장은 대국민 사과와 함께 일가 모두가 경영에서 완전히 손을 떼겠다고 발표했습니다.

불가리스 사태에서 보듯이 과학적 근거를 제시하는 기사나 정보는 항상 진실일 것이라고 생각하는 것도 큰 오산일 수 있습니다. 때때로 돌팔이와 사기꾼들이 과학의 복잡성을 이용합니다. 일부 콘텐츠 제공자들은 나쁜 과학과 좋은 과학을 구별하지 못합니다. 더구나 정치인들 가운데는 자신의 입장을 뒷받침하기 위해 가짜 과학을 퍼뜨리기도 합니다. 지구온난화를 둘러싼 일부 정치인들의 그릇된 주장이 대표적인 경우라 할 수 있습니다.

그래서 과학뉴스를 볼 때도 사실이라기에는 너무 좋거나, 현실이라기에는 너무 괴상하게 들리거나, 논쟁의 여지가 있는 원인을 너무 쉽고 간편하게 뒷받침한다면 그 진실성을 확인하고 싶어집니다. 이럴 때 활용할 수 있는 유용한 팁 6가지를 소개합니다.

마크 짐머 코네티컷대학교 교수의 설명입니다.

가짜 과학뉴스를 구별하는 첫 번째 팁은 바로 동료검토(평가)로 불리는 '피어 리뷰Peer Review'를 확인하는 것입니다. 과학자들은 과학적 연구결과를 공유하기 위해 학술지저널 논문에 의존합니다. 이를 통해 전 세계에 어떤 연구가 어떻게 이루어졌는지 알게 합니다.

연구자들이 결과에 대해 확신하면 원고를 작성해 저널에 보냅니다. 편집자는 투고된 원고를 해당 주제에 대한 전문 지식을 갖춘 2명 이상의 외부 심사위원에게 전달합니다. 심사위원들은 원고를 거부하거나, 있는 그대로 게시하거나, 과학자에게 돌려보내 추가 실험을 하도록 제안할 수 있습니다. 그 과정을 피어 리뷰라고 합니다.

피어 리뷰 저널에 발표된 연구는 전문가의 엄격한 품질 관리를 거칩니다. 매년 약 2800개의 피어 리뷰 저널이 약 180만개의 과학 논문을 출판합니다. 과학 지식의 본체는 끊임없이 진화하고 업데이트되지만, 이 저널들에 소개되는 과학은 나름대로 건전하다고 할 수 있습니다. 철회 정책은 출판 후 오류가 발견될 경우 기록을 수정하는 데 도움이 됩니다.

그런데 동료 검토에는 몇 달이 걸립니다. 그래서 때때로 과학자들은 더 빨리 알리기 위해 사전인쇄프리프린트 서버에 연구 논문을 게시합니다. 이들은 종종 메드 아카이브MedRXiv, 바이오 아카이브BioRXiv 등 이름에 아카이브RXiv가 있습니다. 사전인쇄 서버에 게시된 연구는 동료 검토를 거치지 않았으므로 다른 과학자들에 의해 검증되지 않았습니다. 게다가 사전인쇄 서버에서 이 작업을 수행한 지 몇 달이 지났고 아직도 동료 심사 문헌에 발표되지 않았다면 매우 회의적입니다.

또 프리프린트를 제출한 과학자들이 평판이 좋은 기관에서 활동하는지도 확인해봐야 합니다. 코로나19 위기 동안 연구원들이 위험한 신종 바이러스를 이해하고 생명을 구하는 치료제를 개발하기 위해 서두르는 가운데 프리프린트 서버는 미숙하고 검증되지 않은 수많은 과학 논문으로 가득 차 있었습니다. 속도를 위해 까다로운 연구표준이 희생되었습니다.

약탈적 학술지(저널)라고 불리는 곳에 발표된 연구에 대해서도 경계심을 가져야 합니다. 그들은 원고를 동료 검토 하지 않고 출판비를 청구합니다. 수천개의 약탈적 저널의 논문은 강한 의심이 필요합니다.

두 번째 팁은 가짜 과학뉴스에 빠지기 쉬운 편견, 즉 **'생각의 사각지대'**를 조심하는 것입니다.

사람들은 자신의 기억과 경험에 대해 너무 많은 신뢰를 부여하기 때문에 새로운 아이디어와 이론은 잘 받아들이지 못합니다. 심리학자들은 이를 '가용성 편향'이라고 부릅니다. 빠른 결정을 내려야 하고 많은 데이터를 비판적으로 분석할 시간이 없을 때는 유용하지만, 사실확인 기술을 망칠 수 있습니다.

관심을 끌기 위한 싸움에서는 선정적인 진술들이 때로는 사실을 압도합니다. 사건의 생생한 발생 가능성을 과대평가하는 경향을 '현저성 편향'이라고 합니다. 그것이 사람들로 하여금 과장된 연구 결과를 믿게 하고, 객관성을 유지하는 과학자보다 선동력 짙은 정치인을 믿게 만듭니다. 언론에서도 가끔 비슷한 일화들이 나타납니다. 중요한 사건이 발생할 경우 사건 현장에 직접 가지도 않았으면서 마치 현장을 목격한 것처럼 현장감 있는 기사를 써서 동료 기자들 사이에서 구설수에 올랐다는 이야기도 전해집니다.

'확증 편향'도 작용할 수 있습니다. 사람들은 자신의 기존 신념에 맞는 뉴스를 신뢰하는 경향이 있습니다. 기후 변화를 부정하는 사람들이나 백신 반대론자들이 대표적인 경우입니다.

가짜뉴스를 퍼뜨리는 사람들은 인간 마음의 약점을 알고 이러한 선천적 편견을 이용하려고 합니다. 이때 훈련은 자신의 인지적 편견을 인식하고 극복하는 데 도움이 될 수 있습니다.

세 번째 팁은 상관관계는 **인과관계**가 아니라는 사실입니다. 두 가지가 서로 관계가 있더라도 반드시 한 가지가 다른 것의 원인이 되는 것은 아닙니다.

가령 설문 조사에서 장수하는 사람들이 레드 와인을 더 많이 마시는 것으로 밝혀졌다고 해도 매일 와인을 마시는 것이 수명을 연장한다는 의미는 아니라는 것입니다. 레드 와인을 마시는 사람들이 더 부유하고 더 나은 관리를 받는 것일 수 있습니다. 건강 관련 뉴스에서 특히 이런 오류를 주의해야 합니다. 가령 2020년 가을 독감백신을 맞은 노약자들이 잇따라 숨진 사건에 대해 독감백신 접종과 사망이 곧바로 인과관계가 있는 것처럼 성급하게 해석해서는 안된다는 것입니다.

네 번째 팁은 연구의 대상 즉 **피실험자**가 누구였는지 확인하는 것입니다. 만약 연구에서 인간 피실험자를 사용한 경우 위약 통제 여부를 확인해야 합니다. 일부 참가자는 새로운 백신과 같은 치료를 받기 위

독감백신 사망 연관어 검색결과

해 무작위로 할당되고, 다른 참가자는 가짜 버전인 위약플라시보을 받게 됩니다. 이렇게 하면 연구자들은 그들이 보는 효과가 테스트 중인 약물에서 나온 것인지 아닌지 여부를 알 수 있습니다.

최고의 시험은 '이중맹검법'입니다. 편견이나 선입견을 없애기 위해 연구자나 지원자 모두 누가 활성 약물을 받고 있는지 또는 위약을 받고 있는지 모르게 하는 것입니다. 평가단의 규모도 중요합니다. 더 많은 환자가 등록되면 연구자들은 안전 문제와 유익한 효과를 더 빨리 식별할 수 있으며, 하위 그룹 간의 차이가 더 명확해집니다.

임상시험은 수천명의 피실험자를 포함하지만, 과학 연구는 이보다 훨씬 적습니다. 건강에 관련된 과학적 연구가 실제로 사람에 대해 수행되었는지도 확인하십시오. 특정 약물이 쥐나 생쥐에게 효과가 있다고 해서 그것이 당신에게 효과가 있다는 것을 의미하지는 않습니다.

다섯 번째 팁은 과학에는 **'측면'**이 필요하지 않다는 것입니다. 정치적 논쟁에는 반대되는 두 가지 측면이 필요하지만, 과학적 합의는 그런 것이 아닙니다. 미디어가 객관성을 동등한 시간으로 해석하면 과학이 훼손됩니다.

가짜 과학뉴스에 빠지지 않는 마지막 팁은 발표자의 목적을 제대로 이해하는 것입니다. 명확하고 정확한 보고가 목표가 아닐 수 있기 때문입니다. 시청자의 관심을 끌려는 모닝쇼와 토크쇼는 흥미롭고 새로운 것이 필요합니다. 여기에 정확성은 우선순위가 낮습니다.

과학 저널리스트들은 새로운 연구와 발견을 정확하게 다루기 위해 최선을 다하지만 많은 과학 미디어는 교육적이기보다는 오락적 미디어로 더 분류되고 있습니다.

너무 좋게 들리는 의료 제품이나 시술에 주의하십시오. 불가리스 사태가 이를 보여줍니다. 이런 경우 증언도 회의적입니다. 동기를 확인하고, (이를 통해) 누가 돈을 벌 수 있는지 생각해 봐야합니다. 언론보도를 보고도 여전히 의심스러운 점이 있다면 학술지에 실린 논문 원본을 읽고 연구에서 실제로 발견한 내용을 과학뉴스가 제대로 반영하는지 확인해야 합니다.

선거철 단골손님
'부정선거 음모론'

가짜뉴스는 선거철에 더욱 기승을 부립니다. 특히 아슬아슬한 차이로 승패가 갈린 선거라면 패배한 후보 측이나 지지자들이 결과를 받아들이지 않는 경우도 적지 않습니다. 이 틈을 타고 각종 의혹과 가짜뉴스가 난무합니다. 선거가 끝난 뒤에도 굴복하지 않고 부정선거 의혹을 제기하거나 소송으로 시간을 끌기도 합니다. 가깝게는 2020년 미국 대선이 끝난 뒤 트럼프 전 대통령이 승자인 바이든 대통령을 인정하지 않고 부정선거 의혹을 제기했습니다. 특히 미국은 우리와 달리 주별로 투표마감일과 개표일정까지 달라 이러한 의혹이나 가짜뉴스가 스며들 틈이 더욱 많습니다.

국내에서도 2020년 제21대 국회의원 총선 결과에 대해 조작 의혹을 제기한 사람들이 있었습니다. 언론인 출신으로 국회의원까지 지낸 민경욱 전 의원은 미국 워싱턴까지 가서 "대한민국 총선거는 부정선거였으며 그 배후에 중국이 있다"고 주장했습니다. 뿐만 아니라 트럼프 전 대통령이 주장한 미국 대선 부정의혹에 대해 동조하면서 연대의 사를 밝히는 등 상식적으로 납득하기 어려운 행보를 보였습니다.

민 전의원이 주장한 의혹이나 트럼프 전 대통령이 주장한 부정선거 의혹은 흡사합니다. 한국과 미국의 선거제도가 다른데도 말입니다. 오죽하면 페이스북에서 사실과 다른 허위주장을 했다며 게시물을 차단하는 일까지 벌어졌습니다.

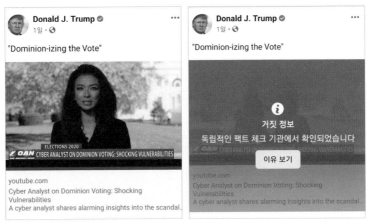

페이스북에서 차단당한 트럼프의 게시물

이처럼 선거철이면 단골손님처럼 등장하는 가짜뉴스. 어떤 유형이 있는지, 각별히 주의해야 할 점은 무엇인지 살펴보겠습니다.

가장 먼저 혼란과 의심을 심으려는 시도입니다. 선거 결과를 기다리는 것은 승자나 패자나 모두 스트레스입니다. 지지자들도 마찬가지입니다. 자신이 지지했던 후보가 승리하길 기대하면서 결과를 기다리는 데, 여러 가지 기술상의 문제로 개표 과정이 늦어지거나 중지되면 스트레스를 받습니다. 이처럼 불확실하고 불안한 시기에 사람들은 허위 정보나 조작에 취약해집니다.

특히 미국의 경우 코로나 여파로 우편투표가 크게 늘고, 조기투표 및 선거 당일 대면투표 집계 과정이 주별로 달라 전문가들조차 정확한 예측을 하는 데 어려움을 겪었습니다. 이런 상황이 의심을 불러일으키고 잘못된 정보를 부채질했습니다. 특히 득표율이 속속 집계되는 과정에서 소셜 미디어에는 일부 인플루언서들이 투표 결과와 개표 과정에 의심스러운 면이 있다며 증거와 함께 의혹을 제기했습니다.

예를 들어 누군가 투표함(용지)을 악의적으로 옮기는 것이라고 주장하는 2개의 이미지가 널리 퍼졌습니다. 알고 보니 하나는 투표소 직원이 공식적으로 투표 용지를 옮기는 것으로 밝혀졌고, 다른 하나는 장비를 운반하는 사진작가로 밝혀졌습니다.

두 번째는 '유권자 사기'의 증거입니다. 많은 사람들은 선거 당일 투표소에서 자신의 경험을 기록하고 공유했습니다. 대다수는 별일 없었지만 일부는 고립된 문제를 보였습니다. 이를 일부 지역 뉴스 매체와 소셜 미디어에서 크게 다뤘습니다.

나아가 정치적 성향을 강하게 띤 일부 사람들은 선거 결과에 대한 신뢰를 약화시키려고 디지털 '증거' 조각을 선별하고 조합할 가능성도 높습니다. 이런 승거의 대부분은 맥락에 맞지 않고 과장된 것이지만, 가끔 실제 사건으로부터 파생되기도 합니다. 만약 일부 투표소에서 잘못이 있는 경우 이것이 수많은 다른 투표소에서도 조직적으로 일어난다고 과장하고 확대해석하는 것입니다.

실제로 2020년 미국 대선에서는 투표소 직원이 개표 기계가 못 읽는 연필이나 샤프 펜을 일부 유권자들에게 제공해 트럼프 지지자들의 투표를 무효화했다는 주장이 있었습니다. 2020년 11월 4일 하루 동안 '샤피스Sharpies', '샤피게이트Sharpiegate'라는 식의 용어를 사용한 16만개 이상의 트윗과 리트윗이 있었습니다. 잘못된 주장은 빠르게 오프라인 세계로 퍼졌습니다. 이날 저녁 애리조나주 마리코파 카운티에서는 항의하는 트럼프 지지자들의 목소리가 들렸고, 친트럼프 성향의 폭스뉴스에서는 주 검찰이 이 문제를 조사하고 있다고 보도하기도 했습니다.

세 번째는 투표 용지(투표함)의 '발견'과 '분실'을 둘러싼 주장들입니다. 정치적 우파에서 많이 사용하는 음모론 가운데 하나는 투표가 종료된 뒤 근거를 보충하기 위해 민주당원들이나 관리들이 투표권을 위조하거나 투표 총계를 조작했다는 식의 내용입니다. 실제로 선거 당시 트럼프 전 대통령은 새벽 4시에 자신의 트위터를 통해 투표 용지가 '발견'돼 집계에 포함될까 두렵다는 식으로 음모론을 제기했습니다. 조지아주에서 투표 용지가 발견되었다는 허위 주장은 11월 4일 트위터를 통해 제기되었고, 도널드 트럼프 주니어에 의해 증폭되었습니다. 11월 5일 페이스북은 플랫폼 정책을 위반했다는 이유로 '도둑질을 멈춰라Stop The Steal'이라는 단체의 페이스북 활동을 금지시켰습니다. 그 단체는 투표에 관한 음모론을 홍보하고 시위를 조직해왔습니다.

여론조사원이나 선거운동원들이 공화당 투표지를 파괴, 폐기 또는 의도적으로 잘못 놓거나 가짜 민주당 투표지로 대체했다는 거짓 주장도 음모론에 포함될 수 있습니다.

또 선거 결과를 인정하지 않으려는 사람들은 여러 가지 상호 연결 요소를 사용하기도 합니다. 그들은 통계적 변화와 보고 오류로 인한 수정을 선거 후 투표 용지 처리로 모함할 가능성이 높습니다. 예를 들어 미시간주에서 하룻밤 사이에 바이든에게 '마법처럼' 표가 추가됐다는 잘못된 주장이 있습니다. 이것은 사실 언론에 보낸 파일의 오류였습니다.

이처럼 현대의 음모이론은 이례적인 통계수치나 잘못된 투표 용지에 대한 일부 언론보도, 그리고 부정투표 동영상이 함께 사용되어 광범위하고 다차원적인 음모론을 형성합니다. 앞에서 언급한 '샤피게이트'도 이런 이야기에 포함됩니다.

네 번째는 '나쁜 예측'입니다. 최고의 선거결과 예측 모델이라도 종종 틀립니다. 이는 부정확한 예측을 선택한 뒤 예측과 다른 결과에 이의를 제기하거나 프로세스 전체에 의혹을 제기하는 데 사용할 수 있습니다.

이처럼 2020년 미국 대선에서 보여준 두 가지 복잡한 요인은 여론조사가 실제 득표율과 상당히 다르다는 것, 그리고 우편투표의 규모와 인구 통계가 승리를 예측하는 전통적인 모델을 더 복잡하게 만든다는 것입니다. 이런 조건들이 불확실성이 높은 기간 동안 잘못된 정보가 퍼질 기회를 더 준 셈입니다.

마지막은 '섣부른 승리' 주장입니다. 선거가 끝나고 투표가 종료된 지 얼마 지나지 않은 11월 4일 이른 아침, 트럼프 대통령은 자신이 선거에서 이겼다는 거짓 주장을 하는 연설을 했습니다. 그날 오후 그는 선거관리자들이 여전히 개표를 하고 있고, 펜실베이니아를 포함한 특정 주에서 승리했다고 주장하는 트윗을 이어갔습니다. 이처럼 성급하게 승리를 주장하는 것은 상반되는 결과가 나올 경우 '사기'로 몰거나 '선거 조작'을 주장하는 발판을 마련합니다.

이러한 주장은 지지자들에게 호소할 수는 있지만 선거 과정이 공정하다는 사회전체의 신뢰를 약화시킬 수 있습니다. 이처럼 정치적인 허위 정보는 민주주의 기반을 불안정하게 만들고 사람들로 하여금 민주주의 절차, 정보 제공자, 그리고 궁극적으로 서로에 대한 신뢰를 잃게 만듭니다. 따라서 신뢰할 수 있는 출처가 아니라면 확인되지 않은 선거 관련 주장에 대해서는 회의적인 태도를 유지해야 합니다. '좋아요'를 누르거나 '리트윗', '공유'하기 전에 생각하는 것이 중요합니다.

의심되면
공유하지 마세요

국제도서관협회연맹IFLA은 2017년 초 '가짜뉴스 가려내는 방법'을 한국어 포함 약 40개 언어로 배포했습니다. 전문가만 알 수 있는 거창하고 어려운 방법이 아닙니다. 한눈에 봐도 알 수 있도록 인포그래픽으로 제작했습니다. 누구든지 몇 가지 원칙만 잘 지키면 가짜뉴스에 속거나 피해를 입지 않는다는 내용입니다. 이 방법의 근거는 미국 3대 팩트체크 기관 중 하나인 팩트체크닷오르그FactCheck.org의 기사입니다. IFLA가 제시한 가짜뉴스 판별법은 모두 8가지 단계입니다.

　가장 먼저 **정보원**을 살피라는 것입니다. 뉴스 사이트의 목적이나 연락처 같은 기본 정보를 알아보는 것입니다. 다음은 **저자**를 확인합니다. 믿을 만한 저자인지 검색해보고, 실존 인물인지도 확인해야 합니다. **날짜**도 확인합니다. 오래된 뉴스를 재편집한 것이라면 최근 사건에 대한 적절한 뉴스가 아니기 때문입니다. 기사를 읽으며 본인의 **선입견**이 들어가진 않았는지 점검해야 합니다. 기존에 갖고 있던 당신의 믿음이 판단

가짜 뉴스 가려 내는 방법!

정보원을 살펴보세요.
뉴스 사이트의 목적이나 연락처 같은
정보들을 알아봅니다.

본문을 읽어보세요.
관심을 끌기 위해 뉴스 제목이 선동적일 수
있습니다. 뉴스의 전체 내용은 어떤가요?

저자를 확인해 보세요.
저자에 대해 검색해 보세요. 믿을만한
사람인가요? 실존 인물인가요?

근거 정보가 확실한가요?
연결된 내용도 읽어보세요. 관련 정보가 뉴스
내용을 잘 뒷받침하고 있는지 확인하세요.

날짜를 확인해 보세요.
오래된 뉴스를 재탕했다면 최신 사건에
대한 적절한 뉴스가 아닙니다.

혹시 농담은 아닌가요?
뉴스가 너무 이상하다면 풍자성 글일 수
있습니다. 사이트와 저자를 믿을 수 있는지
조사해 보세요.

당신의 선입견은 아닌지 점검하세요.
당신의 믿음이 판단에 영향을 줄 수도
있다는 점을 명심하세요.

전문가에게 물어보세요.
사서에게 문의하거나 사실 확인
사이트에 질문해 보세요.

미국 공영라디오 방송 WNYC가 소개하는 가짜뉴스 판별법

에 영향을 줄 수도 있다는 점을 명심해야 합니다. 다음은 **본문**을 읽어봐야 합니다. 제목은 단지 관심을 끌기 위한 선동적인 것일 수도 있습니다. 제목과 본문이 부합하는지 따져봐야 합니다. **근거** 정보가 확실한지도 점검해야 합니다. 이를 위해 연결된 내용도 읽어봐야하고, 관련 정보가 뉴스 내용을 잘 뒷받침하고 있는지 확인해야 합니다.

혹시 **농담**은 아닌지도 확인해야 합니다. 뉴스 형태이지만 풍자성 글일 수 있기 때문입니다. 요즘은 많이 줄었지만 한때는 만우절 전후로 언론사가 가짜뉴스를 직접 만들기도 했습니다. 사람들에게 잠시나마 즐거움을 준다는 취지였지만, 가짜뉴스의 폐해가 워낙 커지면서 최근에는 많이 사라졌습니다. 마지막으로 **전문가**에게 물어보는 것도 좋은 방법입니다. 팩트체크를 전담하는 언론사나 기관에 문의하는 방식입니다.

IFLA은 이를 여러 언어로 번역해 보급하는 이유도 밝혔습니다. 비판적 사고는 미디어와 정보 사용능력의 핵심 기술이며, 도서관의 사명은 그 중요성을 교육하는 것이라고 설명합니다.

그 일환으로 IFLA는 별도 블로그도 만들고 가짜뉴스 검증을 위한 팁을 인포그래픽으로 제작해 공유하고 있다고 설명했습니다. 또 집이나 도서관, 지역 커뮤니티 및 소셜 미디어 네트워크에서 인포그래픽을 다운로드, 인쇄, 번역 및 공유해 달라고 요청했습니다. IFLA은 "우리가 지혜를 짜낼수록 세상은 더 현명해진다"고 강조합니다.

미국 비영리재단인 포인터연구소가 제시한 가짜뉴스 식별법 10가지도 비슷합니다. 포인터연구소는 언론인에 대한 재교육 등을 담당하고 있고, 전 세계 팩트체커 연대조직인 국제팩트체킹네트워크의 허브

역할을 하고 있습니다. 또 허위조작정보와 가짜뉴스 등을 퇴치하기 위한 다양한 활동을 전개하고 있습니다.

포인터연구소가 소개하는 가짜뉴스 식별을 위한 지침 가운데 첫 번째는 **웹 주소**를 확인하라는 것입니다. 'abcnews.go.com'처럼 정상적인 사이트 주소를 교묘하게 변경한 경우가 많기 때문입니다. 다음은 **사이트**의 이름을 검색해보는 것입니다. 이미 다른 곳에서 의심스러운 곳으로 등록된 경우가 많습니다. 실제로 세계적으로 유명한 콜롬비아저널리즘스쿨에서는 가짜뉴스나 낚시성 기사, 혐오를 조장하는 사이트를 목록으로 만들어 일반인들에게 공개하고 있습니다. 2021년 7월 기준 무려 505개의 사이트가 올라 있습니다.

시각적 단서를 찾아보는 것도 중요합니다. 가짜뉴스는 기존 언론사의 로고 등을 교묘하게 비트는 경우가 많기 때문입니다. 너무 많은 광고가 있을 때도 조심해야 합니다. 가짜뉴스에는 팝업이나 플래시 광고 등이 많은 게 보통입니다.

또 작성 일시, 기자 이름, 하이퍼링크 등 출처, 제목과 본문의 일치도 등 기존 **뉴스 형식**을 갖추고 있는지도 확인해야 합니다. '소개 About' 페이지가 있는지 확인하는 것도 중요합니다. 정상적인 뉴스 사이트에는 대부분 있습니다.

가짜뉴스 속 주요 이미지를 **구글 이미지 검색**으로 확인하는 것도 한 방법입니다. 만약 조작된 이미지라면 구글 이미지 검색 결과가 다양한 사례들을 보여줄 것입니다. 해당 사이트가 언제 어디서 등록됐는지 확인해 보는 것도 유용합니다. 'whois.icann.org' 혹은 'who.is' 등을 통해 URL을 검색하면 관련 정보를 찾을 수 있습니다.

특정 주장에 대해서는 사실 여부를 확인해야 합니다. 특히 다른 뉴스들에서 비슷한 내용을 다룬 적이 없다면 우선 의심해봐야 합니다. 마지막으로 너무 자극적이거나 감정적인 제목은 주의해야 합니다. 조작된 뉴스일수록 제목을 거창하게 다는 경우가 많습니다.

2016년 미국 대선 바로 며칠 뒤인 11월 18일 미국 뉴욕을 기반으로 하는 공영라디오 방송 WNYC는 '온더미디어'라는 프로그램을 통해 미국 대선과정에서 횡행했던 가짜뉴스에 대한 분석방송을 내보냈습니다. WNYC는 "만약 당신을 불쾌하게 만드는 기사라면 그런 의도로 기획된 것"이라며 "사실이 아닌 것 같다면 공유하지 않아야 한다"고 충고합니다.

의심하되
냉소적이진 마세요

비영리단체 미디어스마트MediaSmarts는 캐나다의 디지털 미디어 리터러시 중심 역할을 담당하고 있습니다. 1994년 캐나다 영화위원회 산하에서 '미디어 인식 네트워크'로 출발한 이 단체는 미디어 기업, 정부, 교육계, 도서관, 비영리 부문이 모여 1996년 비영리 기관으로 독립했습니다. 학생들을 대상으로 디지털 미디어 리터러시 교육, 올바른 미디어 이용에 대한 공중 인식 제고, 어린이 및 청소년의 인터넷 이용 관련 연구 및 정책 개발 등의 활동을 합니다.

디지털 시대를 맞아 2012년에 이름을 미디어스마트로 변경했습니다. 이름만 바꾼 것은 아닙니다. 디지털 시대를 맞아 기존 미디어 리터러시에서 디지털 리터러시로 개념이 확대됐습니다. 전통 미디어의 올바른 읽기부터 사이버 보안, 온라인 안전, 프라이버시, 시민성 등의 개념을 바탕으로 다양한 디지털 미디어를 생활에서 올바르고 안전하게 활용하는 것까지 포함하는 디지털 미디어 리터러시 교육으로 확대됐습니다. 미디어스마트가 제공하는 팁 중에 온라인에서 허위 정보를 가려내는 노하우 '리얼리티 체크'입니다. 그 중 일부를 소개합니다.

미디어스마트는 가장 먼저 냉소적이 아니라 회의적으로 돼야 한다고 강조합니다. 어떤 소스도 100% 편향되지 않거나 100% 믿을 수 있는 것은 아니지만, 그래도 대체로 믿을 수 있고 그들 자신의 편견을 극복하기 위한 노력이 담긴 소스들이 있다고 설명합니다.

둘째, 직감에 귀를 기울이되 늘 의심해봐야 합니다. 본능적으로 어떤 뉴스가 신뢰할 만하다고 생각돼도 여전히 더블체크가 필요하다는 것입니다.

셋째, 무엇을 믿거나 믿지 않는 이유를 생각해봐야 합니다. 특히 어떤 것들이 내 기분에 영향을 미치는지 주목해야 합니다. 나를 화나게 하는 이야기들을 특히 주의해야 합니다.

미디어스마트는 온라인 뉴스 확인에 유용한 팁도 소개합니다. 뉴스는 검증하기 가장 어려운 것 중 하나입니다. 요즘 많은 사람들은 소셜 미디어에서 뉴스를 얻습니다. 그런데 온라인상의 믿을 만하고 정확한 뉴스는 또 다른 누군가가 상업적 목적이나 악의로 퍼뜨린 허위 보도나 풍자적인 이야기와 뒤섞여 있습니다. 특히 큰 뉴스가 터지면 실제 세부적인 내용이 나오기 전까지 많은 혼란이 일어납니다. 그래서 온라인 뉴스를 잘 읽고 공유하기 위해 수행할 수 있는 3가지 방법을 소개합니다. 다름 아니라 ▶원본을 찾고 ▶사진 및 비디오는 재확인하고 ▶신뢰할 수 있는 출처를 확인하라는 것입니다.

미디어스마트는 온라인 정보뿐만 아니라 정치적 이슈 검증에 대해서도 설명합니다. 정치 이슈에 대해 잘 알고, 믿을 만한 정보만 공유하는 것은 시민으로서 필수적인 부분이며, 특히 선거 기간 동안 가족, 친구와 정치적 정보를 공유하기 전에 먼저 생각하는 것이 중요하다고 강조합니다.

다음은 미디어스마트가 소개하는 중요한 정치 이슈에 대해 올바른 정보를 얻을 수 있도록 신속하게 수행할 수 있는 3가지의 방법입니다.

먼저 **뉴스**사실**와 오피니언**의견**을** 구분해야 합니다. '뉴스'와 '오피니언'에 대한 기준이 다릅니다. 오피니언 면에서 정보를 얻으면 그 주제에 대한 뉴스를 신뢰할 수 있는 출처에서 다시 확인해야 합니다.

둘째, **다른 출처**도 확인해야 합니다. 정치적 정보를 한 출처에만 의존해서는 안 됩니다. 대부분의 검색 엔진과 소셜 네트워크는 여러분이 보고 싶어 하는 정보를 제공하려 합니다. 때로 다른 검색 엔진이나 뉴스 사이트를 사용하는 것은 이야기의 다른 면을 볼 수 있습니다.

마지막으로 **출처**를 찾아야 합니다. 어떤 문제에 대한 정치인의 입장을 알기 위해서는 그들의 웹사이트를 확인하면 됩니다. 한 정치인이 SNS에서 한 말이 패러디 계정이 아닌 진짜 계정에서 한 말인지 다시 확인해야 합니다. 트위터의 실제 계정에는 보통 '검증' 표시가 있고, 선거 기간 동안 트위터와 다른 소셜 네트워크들도 보통 공식적인 후보 계정을 알려주기 때문입니다.

과학과 건강정보 검증도 중요합니다. 우리 대부분은 좋은 정보를 얻기 위해 전문가인 사람들과 조직에 의존합니다. 하지만 진짜 의지할 만한 사람을 어떻게 알 수 있을까요. 미디어 스마트는 이를 위한 세 가지 팁을 제시했습니다.

첫째로, 우선 이 주제에 대한 **사회적 공감대**가 무엇인지 찾아야 합니다. 즉 이 분야의 사람들이 옳다고 생각하는 것과 그것에 대해 얼마나 확신하는지 알아야 합니다. 물론 다수의 합의에 반하는 주장이 반드시 잘못된 것은 아닙니다. 하지만 여러분이 그것을 믿으려면 더 강한 주장을 해야 합니다. 백신을 둘러싼 의혹과 음모론이 바로 이런 경우라 할 수 있습니다.

둘째로, **자격 증명**을 확인하는 것입니다. 만약 뉴스 출처가 사람이라면 그들의 이름을 검색해보고 그들에 대해 알아봐야 합니다. 그들이 이 주제에 대해 진짜 전문가인지 물어봐야 하고, 만약 그들이 조직이라면 신뢰할 수 있는 출처로 여겨지는지 평판도 알아봐야 합니다.

셋째로, **정보의 의도와 목적, 편견**을 잘 살펴야 합니다. 그들이 어떻게 자금을 지원받고 누구와 연결되어 있는지 알아내는 것도 중요합니다. 만약 그들이 여러분을 겁주려고 애쓰거나, 무언가를 팔려고 애쓰는 것처럼 보이면 조심해야 합니다.

미디어스마트는 끝으로 좋은 정보를 공유하고 사기, 루머, 거짓의 확산을 막기 위한 조언도 아끼지 않았습니다. 뭔가를 공유하기 전에 확인해야 할 원칙들입니다.

첫 번째는 **스스로의 편견**을 조심해야 합니다. 팩트체커처럼 생각하는 것이 편견이 없다는 것을 의미하지는 않습니다. 오히려 편견이 있는 것을 알고 있다는 의미입니다. 무엇을 더 믿을 수 있다면 그 이유에 대해 생각해 보고, 나와 의견이 다른 누군가가 무슨 말을 하고 어떤 질문을 할지 상상해 보는 것도 좋습니다.

두 번째는 **공유하기 전에 기다리는 습관**입니다. 많은 허위 정보와 가짜뉴스는 당신이 화내도록 고안된 것이기 때문에 당신은 가짜뉴스를 보는 순간 흥분해서 즉시 그것을 공유할 것입니다. 하지만 공유하기 전에 무엇이 정말 중요한지 생각하는 데는 단 5분 정도면 충분합니다.

세 번째로 **큰 그림**Big picture을 잘 읽어내야 합니다. 만약 온라인에서 어떤 사람이 허위 정보를 퍼뜨리는 것을 보고 이를 바로잡기로 결심했다면 그 문제를 개인적인 것으로 치부하지 말고 공개적으로 이야기해야 합니다. 그렇다고 무엇이 진짜이고 가짜인지 논쟁할 필요는 없습니다. 대신 시간을 내어 그 사람이 주장한 허위 정보를 검증된 사실로 대체한 뒤 어떻게 검증했는지 친절하게 보여주면 좋습니다.

손 씻기보다 중요한
정보 위생

가짜뉴스와 허위 정보가 반드시 뉴스보도 형태는 아닙니다. 때론 메신저 앱으로 전달되는 간단한 메시지일수도 있고, 때로는 전문가의 보고서처럼 포장됩니다. 출처가 불분명한 이미지나 동영상도 쉽게 사람들을 자극하고 속일 수 있습니다.

특히 코로나19 확산 과정에서 등장한 많은 정보는 진위를 가리기 어려울 정도로 방대했습니다. 지금도 일부에서는 각종 가짜뉴스와 허위 정보가 사람들의 머릿속을 파고들기 위해 호시탐탐 기회를 노리고 있습니다.

코로나19가 한창 기승이던 2020년 3월 BBC방송도 코로나를 둘러싼 허위 정보에 대한 경각심을 높이는 내용을 보도했습니다. '코로나19 가짜뉴스 퍼뜨리지 않는 7가지 방법'이라는 주제입니다. 코로나19에 관한 잘못된 정보가 인터넷에 넘쳐나면서 전문가들은 '정보 위생'이 손 씻기만큼이나 중요하다고 강조했습니다.

첫 번째는 **일단 멈추고 생각**하는 것입니다. 우리는 흔히 가족이나 친구를 돕고 싶은 마음에 이들과 정보를 공유합니다. 메일이나 카카오톡, 페이스북 등으로 최신 정보를 받으면 재빨리 전달하려는 것도 이 때문입니다. 하지만 전문가들이 공통적으로 제안하는 제1원칙은 '우선 멈추고 생각하는 것'입니다. 의심이 든다면 일단 멈추고 추가로 확인하는 습관을 길러야 합니다.

다음은 **출처 확인**입니다. 정보를 공유하기 전에 출처가 어딘지 기본적인 질문을 할 필요가 있습니다. 출처가 '사돈의 팔촌'이나 '친구의 친구', '이모의 동료의 이웃' 같은 경우라면 위험합니다.

BBC는 코로나19와 관련해 누군가 '석사학위를 가진 삼촌'에게서 받은 정보라며 쓴 글이 어떻게 퍼져나가는지 실제 경로를 추적했습니다. 게시물 내용 중 일부는 사실이었습니다. 코로나19를 예방하기 위해 손 씻기를 권장한 부분입니다. 그러나 다른 사항들은 확인되지 않은 내용이었습니다. 또 어떻게 질병을 진단하는가에 대해서도 입증되지 않은 주장을 담았습니다. 앞에서 살펴봤듯이 작은 사실들로 거짓의 주변을 둘러싸는 방식입니다.

영국 팩트체크기관 풀팩트의 클레어 밀른 부편집장은 "코로나19 관련 가장 신뢰할 수 있는 정보원은 세계보건기구WHO, 미국 질병통제예방센터CDC와 같은 공중보건기관"이라고 강조했습니다. 물론 전문가도 완벽하지는 않지만, 메신저 속 낯선 이의 먼 친척보다는 훨씬 신뢰할 수 있습니다.

가짜뉴스일지 의심하는 습관도 필요합니다. 겉으로는 쉽게 진위 여부를 알 수 없습니다. 가짜뉴스는 언론기관이나 정부 공식계정을 사칭하기도 합니다. 또 신뢰할 수 있는 공공기관이 출처인 것처럼 캡처한 화면을 조작할 수도 있습니다.

따라서 **공식계정**과 **웹사이트**를 확인해야 합니다. 관련 정보를 쉽게 찾을 수 없으면 일단 사기라고 의심해야 합니다. 또 게시물과 비디오, 링크가 낚시성인 경우 조작된 페이지일 가능성이 높습니다. 글이 대문자로 돼 있거나 글꼴이 자연스럽지 않은 경우도 가짜뉴스일 가능성이 있다고 봐야 합니다.

확실하지 않으면 공유하지 말아야 합니다. 설마 가짜겠어 하는 마음에 공유한 경우 대개 결말이 좋지 않습니다. 종종 의사나 의료 종사자들의 글을 가져와 쓰기도 합니다. 그것 자체는 문제가 없지만, 의심되는 부분들을 명확히 하는 것이 필요합니다.

사실은 구체적이고 개별적으로 확인해야 합니다. BBC는 왓츠앱 메신저에서 활발하게 공유된 한 음성 메모를 제보받았습니다. 메모 속 여성은 병원에서 일하는 친구가 있다는 동료의 조언을 언급했습니다. 하지만 정확하고 부정확한 조언들이 혼재된 내용이었습니다. 긴 내용 중 확실히 아는 것이 하나 있다고 해서 그 전체를 믿어선 안 됩니다. 나머지가 사실이 아닐 수 있기 때문입니다.

감정적인 게시물은 특히 조심해야 합니다. 두려움이나 분노, 불안, 기쁨 등을 유발하는 게시물은 쉽게 확산됩니다. 클레어 워들 박사는 "공포는 잘못된 정보가 범람하는 가장 큰 동인 중 하나"라고 말합니다. 긴급한 요청이 담긴 글은 불안을 조장합니다. 예를 들어 "사랑하는 사람들이 안전하기를 바라는 '바이러스 예방법!', '이 건강 보조제를 드세요!' 같은 글이 대표적입니다. 이 정도는 약과입니다. 최근 자주 등장하는 문자메시지 피싱, 즉 스미싱은 실제 금전적인 피해까지 동반합니다. 가까운 사람인 척 친분을 가장하거나 불안감을 조장해 돈을 요구하는 것입니다.

마지막으로 **사실이라서 공유하는지, 평소 자신의 생각이나 가치와 비슷해서 공유하는지** 생각해야 합니다. 소셜 미디어 분석센터 칼 밀러 소장은 사람들이 평소의 믿음을 강화하는 게시물을 공유할 가능성이 높다고 말합니다. 그는 "심하게 고개를 끄덕일 때가 가장 취약한 순간"이라며 "그때가 바로 다른 무엇보다 우리가 온라인에서 행동하는 속도를 늦춰야 할 때"라고 강조합니다. 속도보다 중요한 것은 방향이라는 말도 있습니다. 1초라도 더 빠른 것이 각광받는 시대에서도 온라인 활동의 속도를 늦춰 보는 지혜가 필요합니다.

세 가지 질문만
기억하세요

영국의 대표적인 팩트체크 기관으로 2009년 설립된 비영리 독립기관 풀팩트Full Fact가 있습니다. 풀팩트는 "대중의 토론 질을 향상시키고, 대중들이 자신의 마음을 결정할 수 있도록 가능한 한 최고의 정보를 갖추도록 한다"며 활동 목표를 밝히고 있습니다. 사람들이 풀팩트 검증내용을 믿지 않더라도, 누구나 직접 사실관계를 확인할 수 있도록 관련된 모든 자료와 링크를 제공하는 점이 흥미롭습니다. 누구나 같은 방식으로 직접 검증해본 뒤 스스로 결론을 내릴 수 있도록 도와주는 것입니다.

풀팩트에서는 온라인 정보를 제대로 판별하기 위해 스스로 3가지 질문을 던지도록 충고합니다.

가장 먼저 출처가 어디인지 묻습니다. 가장 안전한 것은 믿을 수 있는 출처입니다. 출처가 확인되지 않는다면 사이트를 확인하거나, 이들이 왜 이 이야기를 공유하는지 생각해봐야 합니다. 그리고 직접 찾아봅니다. 사진을 검색하면 원래 어디에 있던 사진인지 찾을 수 있고, 이야기를 검색해서 어디서 시작되었는지 확인할 수 있습니다. 만약 잘못된 것 같아 보인다면 주의해야 합니다. 거짓 정보는 진짜처럼 보이는 웹사이트에 숨어있을 수 있습니다. 가짜 URL 주소, 오탈자, 혹은 조잡한 화면 배치 같은 작은 단서들을 찾아야 합니다. SNS의 아이디가 이름과 일치하는지도 확인해야 합니다.

다음은 **무엇이 부족한지** 따져보는 것입니다. 헤드라인만 보지 말고 전체를 읽어야 합니다. 출처가 없거나 문맥에서 삭제되었을 수 있는 사진, 숫자, 인용구에 주의해야 합니다. 사진과 영상은 얼마든지 날조될 수 있습니다. 거짓 정보는 종종 조작된 사진이나 영상, 혹은 진짜 사진에 가짜 날짜나 문구를 넣어 원래와 다르게 만듭니다. 영상은 편집되거나 소리를 바꿉니다. 반드시 원본을 확인해야 합니다.

다른 사람들이 하는 말과 정보의 출처도 확인해야 합니다. 믿을 수 있는 뉴스 사이트나 팩트체커들이 하는 말을 확인해야 합니다. 속보는 다른 뉴스 출처에서 빠르게 파악할 수 있습니다. 긴급 상황에는 공식 속보를 찾아봐야 합니다.

마지막 질문은 그 뉴스를 보면서 **어떤 기분이 드는가** 입니다. 가짜뉴스 제작자는 당신의 감정을 조종합니다. 당신을 화나게 하거나 걱정시키면 더 많은 조회 수를 얻을 수 있다는 것을 압니다. 화가 난다면 행동을 멈추고, 공유하기 전에 생각해야 합니다. 또 사실이라기에 너무 좋아보인다면 이 역시 경계해야 합니다. 기적의 해결법은 대부분 존재하지 않습니다.

그렇다고 농담을 이해 못 하는 사람이 되지는 말아야 합니다. 온라인상의 농담이나 풍자는 많은 경우 명확하지 않습니다. 웃기거나 터무니없는 세부사항, 글이 쓰인 방식, 혹은 글이 작성된 사이트가 단서가 될 수 있습니다. 단지 화나게 하거나 두려움을 조장하는 것뿐만 아니라, 너무 좋아 보이는 내용도 사실이 아닌 경우가 많다는 것을 기억해야 합니다. 희망은 우리를 조종하는 데도 쓰일 수 있습니다.

풀팩트의 코로나19 가짜뉴스 판별 게임

풀팩트는 코로나19와 그에 대한 가짜뉴스가 빠르게 확산되던 2020년 3월, 간단한 퀴즈게임으로 잘못된 코로나19 정보를 바로잡는 시도에 나섭니다. 풀팩트는 "친구의 삼촌에게 전해들은 확인할 수 없는 정보를 담은 페이스북 게시물이 40만회 이상 공유되었다"며 "사실과 허위가 뒤섞인 콘텐츠를 당신은 얼마나 정확히 가려낼 수 있는지 자문해 보라"고 말했습니다.

풀팩트는 10가지 질문을 제시한 뒤 Yes/No를 선택하도록 했습니다. 결과를 즉시 확인할 수 있고 판단 근거도 함께 제시했습니다. 질문은 다음과 같습니다. 퀴즈의 흥미를 떨어뜨리지 않기 위해 답은 공개하지 않습니다. 직접 참여해보길 권합니다.

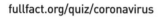 **fullfact.org/quiz/coronavirus**

이렇게 풀팩트는 10가지 질문과 해답을 퀴즈로 풀어볼 수 있게 했습니다. 전체 퀴즈를 풀고 나면 점수를 공유할 수 있게 했습니다. 그러면서 풀팩트는 마지막 한마디를 덧붙입니다.

"나쁜 정보는 삶을 망칩니다. 증오를 조장하고 사람들의 건강을 해치고 민주주의를 해칩니다. 당신은 더 나은 정보를 가질 만한 충분한 자격이 있습니다. 필요한 좋은 정보를 얻으세요."

우리 몸을 병들게 하는 나쁜 병균과는 사력을 다해 격렬하게 싸우면서, 우리의 삶을 망치는 나쁜 정보와 싸우지 않는다면 그게 더 이상한 일이 아닐까요. 풀팩트가 소개한 것처럼 흥미로운 퀴즈나 게임으로 가짜뉴스나 허위 정보를 가려내는 힘을 기르는 것도 좋은 방법입니다.

만화로 배우는
허위 정보 검증팁

허위 정보 검증이나 팩트체크를 너무 어렵게만 생각할 필요는 없습니다. 모든 사람들이 전문 팩트체커처럼 고급 검증능력을 갖출 필요도 없습니다. 생활 속 다양한 정보에 대한 판별 능력을 기르는 정도면 충분합니다.

이렇듯 마음의 부담을 줄이면 다양한 길과 방법이 보입니다. 지금 소개할 2가지 만화도 유용합니다. 첫번째는 브라질 팩트체크기관 아오스파토스Aos Fatos가 2017년 국제팩트체킹데이를 기념해 만들었고, 국제팩트체킹트워크IFCN와의 협업으로 좀 더 다듬어졌습니다.

만화에서 소개하는 핵심은 당신이 소셜 미디어에서 읽는 모든 것, 당신 친구들의 게시물, 그리고 당신이 속한 그룹의 메신저에서 받는 것까지도 의심하라는 것입니다. 이런 의심을 바탕으로 몇 가지 정보 확인팁을 배우고 익히면 됩니다. 이름하여 '팩트 타임'입니다.

가장 첫 번째 단계는 역시 다른 팁들처럼 정보의 출처를 확인하는

2017년 브라질 팩트체크 기관 아오스 파토스가 제작한 만화로 배우는 가짜뉴스 판별법

것입니다. 제목, 사진, 링크만 받아도 상관없습니다. 혹시 당신이 전통적인 언론을 믿지 못하거나 의심할지라도 그것은 대표적으로 합법적인 정보입니다. 전통적인 언론들은 현장 기자들이 활동성이 클 뿐 아니라, 허위 정보를 공표하면 처벌을 받을 수 있기 때문입니다. 만약 정보의 출처를 의심한다면 다른 사이트에서 같은 뉴스를 찾아보면 됩니다. 그 정보가 사실이라면 다른 언론매체에서도 보도되었을 가능성이 매우 높습니다. 이때 (언론을 사칭하는)사기꾼들을 조심해야 합니다. 주요 신문과 잡지의 레이아웃을 복사하거나 유사한 URL을 사용하는 웹사이트들이 종종 있습니다.

두 번째는 **읽기**입니다. 뉴스에는 신뢰도 테스트를 통과해야 하는 나름의 '규칙'이 있습니다. 그러나 제목만 읽어서는 안 됩니다. 본문 전체에 있는 출처를 점검해야 합니다. 그 정보는 어디서 나온 것이며, 신뢰할 수 있는 것인지 말입니다. 만약 외부 링크가 있는 경우에는 원본 소스로 이동해 확인가능한 정보인지 점검해야 합니다. 주로 등장하는 단어를 확인하는 것도 유용합니다. 형용사나 모욕적인 단어를 많이 사용하는 텍스트는 가짜인 경향이 있습니다.

다음은 **저자**를 확인합니다. 기자들은 언제부터 기사를 쓰기 시작했는지 그리고 그동안 어떤 주제에 대해 기사를 써왔는지를 확인할 수 있습니다. 지금 막 읽은 기사에 대한 다른 기사를 확인할 수도 있고, 그 주제에 대한 다른 기자들의 글도 확인할 수 있습니다. 특히 기사에 바이라인이 있다면 그 내용에 대해 기자가 책임진다는 의미인 만큼, 그 기자에게 직접 문의해 보는 것도 좋은 방법입니다.

검색엔진 **구글**을 활용하는 것도 유용합니다. 특히 이미지나 동영상의 진실성이 의심스러운 경우에 유용합니다. 또 유튜브 데이터뷰어의 도움으로 비디오도 확인할 수 있습니다.

통계라고 해서 무조건 믿어서는 안됩니다. 등장한 수치가 정확한 것인지 확인해야 합니다. 이를 위해서는 전체 데이터셋을 살펴봐야 합니다. 부정확한 데이터는 중요한 정보를 숨기기도 합니다. 날짜와 이야기의 타임라인을 함께 확인해야 합니다.

나아가 당신은 절대 혼자가 아니라는 것을 기억해야 합니다. 도움이 필요하면 **전문가**팩트체커에게 연락하면 됩니다. 그들 역시 모든 정보를 볼 수는 없지만 많이 거론되는 이슈라면 늘 체크합니다. 고민할 필요 없이 그냥 물어보면 됩니다. 통상 이런 웹사이트에는 많은 사람들이 확인을 요구하는 사안에 대해 검증하는 코너를 갖고 있기 때문입니다. 만약 당신의 질문이 그들의 정책에 부합한다면 어렵지 않게 확인해줄 것입니다.

그러면서 만화는 "이 모든 과정이 뉴스가 가짜인지 아닌지를 확인하기 위한 것"인지 자문합니다. 맞습니다. 만약 당신이 제대로 확인하지 않고 허위 사실을 공유하면 그것은 바로 당신의 가족과 친구들에게 전달되고, 또 그들의 가족과 친구들에게 전달하게 되는 것입니다.

우리는 진실하고 질 좋은 정보를 마주할 권리가 있습니다. 신뢰할 수 있는 것 그리고 확인한 것만 공유하고 가족과 친구들도 그렇게 하도록 격려해야 합니다. 가짜뉴스는 점점 더 늘어나고 있고, 진짜와 구별이 더욱 어려워지고 있지만 당신은 그것을 판별할 수 있습니다.

두 번째 만화는 2020년 4월 미국 공영라디오방송인 NPR에서 소개한 내용입니다. 핵심만 요약하면 크게 4가지입니다.

첫째는 **의심하는 연습**과 실천입니다. 방법은 의외로 간단합니다. 새로운 정보를 듣거나 볼 때는 일단 멈추고 의심하며, 팩트체크를 하거나 출처를 요청하고(탐사), 정보가 거짓이면 다른 사람에게 알리면 됩니다. 확실하지 않다면 공유하지 말고 그 사슬을 끊어버려야 합니다.

둘째는 **허위 정보의 지형**을 이해하는 것입니다. 허위 정보가 생산 유통되는 과정은 다양하지만, 소셜 미디어나 대형 플랫폼이 진실을 말할 의무가 없습니다. 스스로 진실을 찾아가는 노력이 필요하다는 의미입니다.

셋째로, 특히 주의해야 할 때가 있습니다. 당신이 **감정적이거나 분열적이거나 긴급속보 뉴스를 접할 때**입니다. 바로 그때가 허위 정보가 가장 효과를 발휘하는 때입니다.

마지막으로 **서로에 대해 정중해질 필요**가 있습니다. 만약 당신이 아는 누군가가 잘못된 정보를 퍼뜨리고 있다면, 가장 좋은 의도를 가지고 개인적인 대화를 시작해보는 것도 좋습니다. 진실은 중요합니다. 그러나 서로를 보듬어주는 것도 더욱 중요합니다.

이처럼 두 가지 만화에는 비슷한 메시지가 담겨 있습니다. 자신의 소중한 가족과 친구들이 가짜뉴스에 당하지 않도록 주저하지 말고 나서라는 것이고, 서로를 비판하기보다는 보듬어주라는 것입니다. 가짜뉴스가 노리는 것 중의 하나는 바로 사람들 사이를 이간질시키고, 마음속에 나쁜 감정이 싹트도록 부추기는 것입니다. 여러분이 바로 그 사슬을 끊어내는 첫 번째 사람이 돼야 하는 이유가 여기 있습니다.

외워두세요!
가짜뉴스 판별 공식

때론 간단한 원칙을 공식처럼 외워두는 것도 도움이 됩니다. 지금부터 소개하는 사례가 바로 그런 공식입니다. 2018년 영국 BBC가 가짜뉴스를 구별하는 법을 소개한 적이 있습니다. BBC는 '그 이야기가 진짜냐?Is this story REAL?' 라는 질문을 하도록 했습니다. 그 REAL만 잘 기억해도 쉽게 허위 정보에 당하지 않는다는 것입니다.

- Real (이게 진짜냐?)

- Evidence (증거는? 출처, 저자, 도서, 웹주소, 날짜 및 시간, 사진까지도 확인합니다)

- Add it all up (모든 것을 다 합쳐봅니다. 주변에 물어보고, 나의 지식, 다른 사람의 지식, 자세한 이야기와 약간의 연구까지도 포함시켜 봅니다)

- Look around (주위를 둘러 보세요. 이야기를 전해줄 어떤 다른 소스가 있는지 확인할 수 있습니다)

또 다른 버전의 REAL도 있습니다. 캐나다 미디어리터러시 기관인 미디어스마트도 또다른 '리얼REAL' 원칙을 제시하고 있습니다. BBC 버전과 약간 다르지만 내용은 다음과 같습니다.

- Read the URL. (URL을 읽어보세요)
- Examine content. (내용을 검토하세요)
- Ask about the author. (저자에 관해 물어보세요)
- Look at the links. (링크를 살펴보세요)

비슷한 유형의 또 다른 팁도 있습니다. 이번에는 퍼스트 드래프트가 소개한 5가지 원칙 '양SHEEP을 기억하라'는 것입니다.

우선 **출처**Source입니다. 밑에 무엇이 있는지 살펴보고, 웹사이트나 계정의 페이지를 확인하고, 계정 정보를 보고, 이름 또는 사용자 이름을 검색하는 것이 여기에 속합니다. 다음은 **역사**History입니다. 정기적으로 어떤 주제를 다루는지, 또는 한 가지 관점만 부추기지 않는지 살펴보는 것입니다.

세 번째는 **증거**Evidence입니다. 주장이나 밈Meme, 인터넷에서 유행하는 사진이나 영상의 세부사항을 잘 살펴보고 신뢰할 수 있는 증거에 의해 백업되는지 확인해야 합니다. 다음은 **감정**Emotion입니다. 정보의 출처가 감정에 의존해 주장을 펴는지, 또는 선정적이고 선동적이며 분열을 일으키는 언어가 없는지 확인해야 합니다.

마지막은 **사진**Pictures입니다. 그림 하나가 천 개의 단어를 대체한다는 말이 있습니다. 이미지가 어떤 메시지를 묘사하는지, 그리고 원본 이미지인지 조작되거나 왜곡된 이미지인지도 확인해야 합니다. 이렇듯 퍼스트 드래프트는 정보를 공유하기 전에 먼저 양SHEEP을 생각해보라고 충고합니다.

이상 3가지 공식을 모두 합치면 새로운 버전이 탄생합니다. 만약 사실관계가 불확실한 미심쩍은 어떤 정보가 있다면 이를 공유하기 전에 진짜REAL, 진짜REAL, 양SHEEP을 먼저 생각해보는 습관을 가지면 큰 도움이 된다는 것입니다.

학생들에게 특히 유용한 기억 도구들도 있습니다. 바로 5C와 RADCAB입니다.

우선 5C를 살펴보겠습니다. 스탠포드대학교의 연구에 따르면 고등학생 25%만이 가짜뉴스에서 진짜뉴스를 식별할 수 있었다고 합니다. 학생들은 실물 사진과 가짜 사진, 진품 및 무대 영상을 구분하는 데 어려움을 겪었습니다. 이처럼 가짜뉴스는 이미 실생활 깊이 들어와 있으며, 금세 사라지지 않을 것으로 보입니다. 그렇다면 어떻게 할까요? 학생들과 함께 사용할 수 있는 5단계 프로세스를 사용할 수 있습니다. 이를 비판적 소비의 5C라고 합니다.

첫 번째는 **맥락**Context입니다. 기사나 온라인 정보의 맥락을 봅니다. '언제 쓰여졌나', '그것은 어디서 온 것인가', '그 이후로 뭐가 바뀌었나', '당신의 관점을 바꿀 수 있는 새로운 정보가 있나' 등의 질문을 던져보는 것입니다.

두 번째는 **신뢰도**Credibility입니다. 정보 출처의 신뢰성을 확인합니다.

'그 사이트는 신뢰할 만한가', '저자는 믿을 만한 소식통을 인용하는가 아니면 풍자적인가', '가짜뉴스 사이트 목록에 있나', '뉴스 스토리를 가장한 광고인가' 이렇게 점검해 보는 것입니다.

다음은 **구성**Construction입니다. 기사의 구조를 세밀하게 분석합니다. '편향은 무엇인가', '실수한 단어가 있나', '선전 기법은', '혹시 누락된 부분이 있나', '사실과 의견을 구별할 수 있는가', '단순한 추측인가'라고 물어보면 도움이 됩니다.

네 번째는 **확증**Corroboration입니다. 다른 신뢰할 수 있는 뉴스 출처를 통해 정보를 확증합니다. 주장을 제기하는 유일한 출처여서는 안 됩니다. 만약 그렇다면 사실이 아닐 가능성이 큽니다.

마지막은 **비교**Compare입니다. 다른 뉴스 출처와 비교해 다른 관점을 얻을 수 있습니다. 이념이나 정파성이 다른 영역에서 신뢰할 수 있는 출처를 찾아 뉘앙스를 비교하고 사건에 대해 더 큰 그림을 보려고 노력하는 것입니다.

또 다른 팁인 정보판별의 레드캡RADCAB도 유용합니다. 카렌 M이 만든 오랜 약어이고, 기억하기 쉽습니다.

첫째 **관련성**Relevance입니다. '이 정보가 하고 있는 작업에 정말 필요한가', '필요로 하거나 알고 싶은 것은 무엇인가' 물어보는 것입니다.

두번째는 **적절성**Appropriateness입니다. 초등학생 대상의 정보인지 박사과정 학생 대상의 정보인지 따져보는 것입니다.

다음은 **세부정보**Detail입니다. 헤드라인만 보면 가짜뉴스에 속을 수 있는 위험이 높아집니다.

다음은 **시의성**Currency입니다. 시의성이란 온라인 게시 날짜 및 수정한 내역, 그리고 최신 업데이트를 찾는 것을 의미합니다. 가령 드론을 규제하는 법에 대한 정보는 비록 6개월 전에 작성되었다고 해도 현재 시점에서는 이미 오래된 얘기일 수 있습니다.

다음은 **신뢰성**Authority입니다. 권위와 신뢰성은 진짜와 가짜를 구별하는 데 더 많은 시간과 연구가 필요하다는 것을 알려줍니다. URL 접미사를 팩트체크하고 검토하는 것(오자와 함께 모든 대문자, 문법 오류, 이상한 도메인 이름)을 통해 더 많은 것을 확인할 수 있습니다. '저자는 누구인가', '그들은 자격을 갖췄나', '저자는 인용문이나 링크 등을 사용하는가' 등의 질문으로 정보의 신뢰성을 판단할 수 있습니다. 뿐만 아니라 정확성을 위해 같은 정보를 가지고 있는 적어도 두 곳 이상의 신뢰할 수 있는 사이트를 확인해야 합니다. 이를 삼각측량이라고 부릅니다.

마지막은 **편향**Bias입니다. 뉴스에 담긴 정보가 나를 설득하려는 것인지 아니면 뭔가를 알려주거나, 팔려고 하는 것인지 확인해야 합니다.

국내에도 방송통신위원회와 시청자미디어재단 팩트체크넷이 함께 만든 허위 정보 예방수칙이 있습니다. 이들은 신뢰성 있는 정보를 선별하는 방법과 현명하고 쉽게 실천할 수 있는 '허위 정보 예방 3.3.3 수칙'을 제안합니다. '3권, 3행, 3금'입니다.

3권은 권장하는 내용입니다. **'사실과 의견 구분하기', '비판적으로 사고하기', '공유하기 전에 한 번 더 생각하기'**가 포함됩니다. 3행은 실천해야 할 것. **'출처,**

작성자, 근거 확인하기', '공신력 있는 정보 찾기', '사실여부 다시 확인하기' 등입니다. 3금은 조심해야 할 것들입니다. '한쪽 입장만 수용하지 않기', '자극적인 정보에 동요하지 않기', '허위 정보 생산, 공유하지 않기'입니다.

이처럼 무척 간단해 보이지만 가짜뉴스에 대처하는 지혜와 노하우가 다 포함돼 있습니다. 주변에 있는 지인들과 친구, 가족들과 함께 서로서로 3.3.3 수칙을 공유하고 실천해보는 것은 어떨까 싶습니다.

우리나라 기관이 추천하는 가짜뉴스 감별법

한국언론진흥재단도 허위 정보 판별 가이드라인을 제시하고 있습니다. '뉴스 온라인 정보 바로보기 가이드라인'이라는 부제가 붙어있는데 내용은 비슷합니다. 5가지 항목입니다.

재단은 가장 먼저 **웹주소**를 자세히 보라고 합니다. 도메인이나 조직 및 기관명에 해당하는 주소가 올바른지 확인하는 것이 첫걸음이기 때문입니다. 두 번째는 **제목**을 주의깊게 보는 것입니다. 너무 자극적이거나 감성적인 제목은 아닌지 살펴봐야 합니다.

다음은 **사진**이나 **이미지**를 자세히 살펴보는 것입니다. 혹시 연출된 것은 아닌지 점검해봐야 합니다. 또 **작성자 정보** 즉 이름이나 이메일 등을 체크합니다. 마지막으로 **문법이나 맞춤법 오류**를 살펴보는 것도 좋은 팁이 될 수 있습니다. 언론사의 공식 기사의 경우 자체 시스템을 통해 교정과 교열을 보기 때문에 오탈자 등 맞춤법 오류를 최대한 줄이려고 애쓰기 때문입니다.

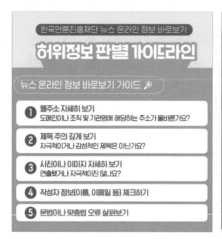

국내 대표 팩트체크 플랫폼인 SNU팩트체크센터에서도 온라인 허위 정보 대응방법을 게시했습니다. 2020년 초 코로나19가 한창일 때 사이트를 열면 곧바로 볼 수 있도록 팝업창으로 만들었습니다. 센터는 온라인에서 떠도는 허위 정보가 한눈에 봤을 때 '거짓말'임을 알기 쉽지 않다고 설명합니다. 100% 거짓이 아니라 일부 사실이 곁들여져 더 구분하기 더 어려운 경우가 많다는 것입니다.

센터는 또 온라인에서 허위 정보를 만드는 사람들의 목적은 다양하다고 설명합니다. 클릭수를 높여 돈벌이를 하려는 경우도 있고, 자신의 정치적 주장을 선전하려는 경우도 있습니다. 어떠한 경우든 허위 정보는 건강한 민주주의를 위협합니다.

또 코로나 사태와 같이 정확한 정보에 개인의 건강과 안전이 달려 있는 경우 허위 정보에 속거나 이를 주변 사람들에게 퍼뜨리지 않도록 더욱 주의해야 합니다. 그래서 바이러스 감염 예방을 위해 마스크를 착용하고 손을 자주 씻는 것처럼, 온라인 허위 정보에 속거나 이를 퍼뜨리는 것도 몇 가지 판별기준을 적용해 예방할 수 있다고 강조합니다. 구체적인 대응방법은 유럽위원회와 퍼스트 드래프트에서 가져왔습니다.

가장 먼저 **정보의 출처**를 확인해야 합니다. 정보의 출처가 어디인지 알 수 있는지, 혹시 이름만 유사한 기관들을 사칭하고 있지는 않은지 살펴보는 것입니다.

다음은 **저자**를 확인하는 것입니다. 그가 과거에는 온라인에 어떤 글을 게시했는지, 실재하는 인물인지 확인합니다.

세 번째는 **언제, 어디서 만들어진 것인지** 확인하는 것입니다. 과거에 다른 곳에서 벌어진 일을 현재 이곳에서 벌어지는 것처럼 조작하는 경우가 많습니다. 동영상, 사진에서 발생 시간과 장소가 분명하지 않다면 의심해야 합니다.

네 번째는 **다른 정보**를 추가적으로 찾아봤는지 스스로에게 물어보는 것입니다. 내가 지금 보고 있는 정보를 신뢰할 수 있는 다른 기관에서도 다루었는지 또는 그 기관에 질문하거나 비교해봐도 동일한 내용을 확인할 수 있는지 점검하는 것입니다.

마지막은 정보가 나에게 **과도한 불안**을 주는지 잘 살피는 것입니다. 과도한 불안, 공포, 분노가 느껴진다면 잠시 멈추고 이 정보가 나에게 이런 반응을 이끌어내려고 하는 것이 아닌지 질문해 봐야 합니다,

전국미디어리터러시교사협회KATOM에서 제시한 팁도 유용합니다.

협회는 미디어 리터러시를 바탕으로 한 건전한 미디어 생활을 통해 코로나19 시기를 잘 이겨내자고 조언합니다.

10가지 백신은 다음과 같습니다. 우선 뉴스, 유튜브 등 미디어에서 다루는 **정보와 출처**가 믿을 수 있는지 확인합니다. 또 뉴스, 유튜브 등 미디어 생산자의 특정한 관점이 정보를 **왜곡**하고 있지 않은지 확인합니다. 의학 정보는 전문가의 **공신력** 있는 발언을 토대로 하고 있는지 확인합니다. **사진, 영상, 그래픽 자료** 등이 정확한 내용을 담았는지, 편견을 반영하고 있지는 않은지 확인합니다. 특정 지역이나 집단에 의한 차별, 폭력을 부추기는 **혐오 표현**이 반영돼 있지는 않은지 확인합니다. **SNS**를 통해 전파되는 부정확한 소문과 거짓정보를 공유하지 않습니다. 미디어를 보는 시간을 정해놓고 **휴식시간**을 가져야 합니다. 관련 뉴스와 영상을 지나치게 반복해보면서 **불안감**을 느끼지 않도록 합니다. 전염병, 공중보건, 심리적 불안 등과 관련된 영화 및 책, 웹툰, 다큐멘터리 감상을 통해 가족들과 **함께 생각**을 나누는 시간을 가져봅니다. 보건소, 선별진료소 등 정보의 도움을 받을 곳을 구체적으로 알아두고 만일의 경우를 위한 **비상연락망**을 확보합니다.

가짜뉴스를 막는
5가지 용기

이처럼 가짜뉴스나 허위 정보로부터 스스로를 지키는 방법은 다양합니다. 정답이 딱 정해져 있지 않습니다. 대신 몇 가지 주요한 체크리스트를 지니고 있으면 언제 어디서든 당황하지 않고 맞설 수 있습니다. 다만 몇 가지 용기가 필요합니다.

내가 하는 말이 험담인지 알려면, 면전에서도 똑같은 말을 할 수 있는지를 보면 안다고 합니다. 허위 정보를 퍼나르는 것은 쉽지만 끊기는 정말 어렵습니다. 유혹이 많기 때문입니다. 자극적이고 말초적인 요소는 흥미롭습니다. 또 남들이 잘 모르는 정보를 알고 있는 듯한 우월감도 생깁니다. 더구나 대부분 익명성에 숨어서 법적 도덕적 책임도 느끼지 못합니다.

그런데 만약 그런 허위 정보의 대상이 자신과 아주 가까운 친구이거나 가족이라면 어떻게 될까요? 순식간에 엄청난 재앙이 될 수 있습니다. 나쁘다는 생각만으로는 부족합니다. 용기가 필요합니다. 가짜뉴스나 허위조작정보를 근절하기 위해 필요한 용기는 어떤 것이 있을까 함께 생각해봐야 합니다.

첫째, **편견을 깰 용기**입니다. 내 생각이 틀릴 수 있다고 가정하고, 내가 어떤 사안을 바라볼 때 그릇된 편견에서 출발하고 있는지 면밀히 살피는 것입니다.

둘째, **맞서 싸울 용기**입니다. 가짜뉴스를 바로잡기 위해 자신이 할 수 있는 일들을 해야 합니다. 잘못된 정보를 퍼뜨리는 사람들에게 그것이 잘못된 것이며, 그 때문에 선량한 피해자가 생길 수 있다는 것을 알려줘야 합니다.

셋째, **고리를 끊을 용기**입니다. 가짜뉴스의 악순환을 나부터 끊어버리겠다는 의지입니다. '내가 만든 것이 아닌데'라거나 방치하는 것도 면죄부가 될 수 없습니다.

넷째, **기사를 싣지 않을 용기**입니다. 특히 언론계에 필요합니다. 2019년 한국을 방문한 밥 우드워드가 워터게이트 특종 당시 편집장이던 벤 브레들리에 대해 언급한 내용이 있습니다. 좋은 기사를 선별하는 안목이나 힘을 실어주는 집행력도 중요하지만, 취재가 부족한 기사에 대해 과감히 지면에 싣지 않았다는 것입니다. 기본적인 사실관계조차 분명치 않거나 완전히 뒤바뀐 잘못된 기사들마저 단독이나 특종이라는 속보 경쟁 속에서 무분별하게 기사화되는 것은 언론계의 병폐가 아닐 수 없습니다.

마지막은 **정직한 수정을 위한 용기**입니다. 우리 언론의 취약점 중 하나는 정정보도나 수정에 인색하다는 것입니다. 사실관계가 명명백백하게 잘못돼도 먼저 수정하기를 꺼리는 경우가 많습니다. 언론중재위를 가거나 법적 다툼이 벌어지면 그제야 움직입니다. 정정보도를 내거나 오보를 수정한다고 언론의 신뢰도가 무너지는 것은 아닙니다. 정직한 수정은 오히려 신뢰도를 높일 수 있습니다. 적절한 때에 진심이 담긴 사과는 신뢰를 넘어 감동을 주기도 합니다.

5.
확실한
팩트체크를 위한
고급 기술

검증 비결?
마음속 셜록홈즈를 끄집어내자

퍼스트드래프트First Draft는 글로벌 비영리단체입니다. 2015년 구글 뉴스 랩 등 9개 기관의 연합프로젝트로 출범해, 이듬해 언론사 뉴스룸과 대학, 팩트체크 기관, 플랫폼 및 시민사회 조직의 국제 네트워크로 확대 됐습니다. 허위조작정보에 맞서 싸우는 대표기관으로 불립니다.

2017년 프랑스, 영국, 독일 선거 등을 위해 30여개 언론사와 팩트체크 기관 등이 협업한 '크로스체크Cross-check' 프로젝트를 주도했습니다. 선거 과정에 흔히 나타나는 조작되거나 오해의 소지가 있는 콘텐츠 확산을 막는 것이 주된 목적이었습니다. 이후에도 허위 정보 등을 식별하고 검증하기 위한 다양한 연구와 방법론, 교육 콘텐츠를 개발해 공유하고 있습니다.

퍼스트드래프트 창립멤버이자 디렉터인 클레어 워들 박사는 온라인 콘텐츠를 검증하는 데 도움이 될 체크리스트를 소개했습니다. 워들 박사는 10년 가까이 전 세계 기자들을 대상으로 다양한 검증 기법과 원칙을 가르쳐 왔습니다. 원본 여부, 출처, 날짜, 위치, 사진이나 동영상을 촬영한 사람의 동기 등은 조사를 하는데 중요한 퍼즐 조각들입니다. 체크리스트를 통해 공유하고자 하는 콘텐츠의 신뢰도를 가늠할 수 있습니다.

기초과정과 고급과정으로 구분된 온라인 강의에는 다양한 검증 기법이 소개돼 있습니다. 특히 한글 자막이 달린 강의 자료도 있어 누구나 쉽게 활용할 수 있습니다. 온라인 과정을 소개하는 워들 박사의 표현은 매우 인상적입니다.

워들 박사는 "우리가 사용하는 도구와 프로세스는 바뀌지 않지만 각각의 소셜 미디어에 업로드된 글, 사진 및 동영상은 각기 다른 유형의 검증 방법을 필요로 한다"며 "검증의 비결은 여러분 마음속에 있는 셜록 홈스를 끄집어내는 데에 있다"고 설명했습니다. 또 "여러분이 접한 정보가 사실인지 아닌지 단번에 알려줄 기계는 아쉽게도 세상에 없다"며 "검증은 끊임없이 단서를 찾고, 찾아낸 것을 검증하고, 관련성을 조사하고, 더 많은 정보를 찾아내는 과정"이라고 덧붙였습니다.

그러기 위해 그는 여러 가지 도구를 사용해야 한다고 조언합니다. 어떤 도구도 완벽하지는 않기 때문에 지속적으로 콘텐츠를 신뢰할 수 있다는 근거를 찾아내야 합니다. 워들 박사에 따르면 인터넷에서 찾은 사진이나 동영상을 검증하는 과정은 탐사보도 과정과 같습니다. 모든 사실을 확인하고, 모든 출처를 조사해야 하며, 발견한 모든 것에 대해 회의적으로 접근해야 합니다. 궁극적으로 이 모든 작업을 하는 이유가 사진 및 동영상을 촬영한 사람의 연락처를 얻어내기 위한 것이라는 설명도 흥미롭습니다. 기자들이 취재를 할 때와 마찬가지로 정보원과 직접 연락을 할 수 있어야 한다는 것입니다. 진위는 바로 그 지점에서 판가름 나는 경우가 많기 때문입니다.

여전히 중요한
구글링

'구글신은 모든 걸 알고 있다'는 말이 한때 유행했습니다. 요즘은 이 표현이 긍정적인 의미보다는 부정적 의미로 더 크게 다가옵니다. 세계적으로 막강한 영향력을 미치는 거대 플랫폼 기업이나 소셜 미디어 기업들이 이윤추구를 위해 소비자 정보를 함부로 사용하는 문제가 대두됐기 때문입니다.

하지만 구글신 얘기가 처음 나왔을 때는 그것보다는 구글의 검색능력이 엄청나다는 긍정적 의미가 더 컸습니다. 온라인 정보를 찾기 위해 또는 정보의 진위를 가리기 위한 첫 단계로 구글링을 하는 것이 상식처럼 된 것입니다. 기자들의 취재활동이나 팩트체커들의 검증을 위해서도 이는 필수 과정이었습니다. 때로는 쉽게 접근하기 어려운 공공기관에 접근하거나 관련자료를 찾는 방법으로도 구글링이 많이 활용돼 왔습니다.

이런 강력한 검색기능 때문에 최근에는 구글 검색을 통해서도 쉽게 접근하지 못하도록 보안장치를 강화한 공공기관이나 기업들이 많아졌습니다. 그렇지만 여전히 온라인에 널려 있는 수많은 정보들 가운데 구글링을 통해 얻을 수 있는 자료나 정보는 무척 다양하고 많습니다. 너무 많기 때문에 길을 잃지 않기 위해서는 특정한 명령어를 기억하고 사용하는 것이 반드시 필요합니다. 구글 명령어는 기본검색 명령어Basic Search Operators와 고급검색 명령어Advanced Search Operators로 구분됩니다.

기본 검색 명령어는 검색창에 검색할 단어만 사용하는 것이 아니라 간단한 부호를 함께 사용해 손쉽게 검색하는 방식입니다. 대표적인 예를 몇 가지 살펴보겠습니다.

- " " : 큰따옴표 사이에 원하는 검색어를 입력하면 문구를 하나의 단어처럼 인식해 해당 검색어를 반드시 포함하는 결과값만 보여줍니다.
- OR : 명령어 앞뒤에 검색어를 입력하면, 두 단어 중 하나라도 일치하는 결과를 모두 보여줍니다.
- AND : 명령어 앞뒤에 검색어를 입력하면 두 검색어가 모두 일치하는 결과값만 보여줍니다.
- − : − 뒤의 검색어를 제외한 결과값만 보여줍니다. '영화 −cgv'로 검색하면, CGV와 관련되지 않은 영화만 검색됩니다.
- * : 이 명령어는 와일드 카드처럼 어떤 단어와도 매치되는 결과값을 보여줍니다.
- ( ) : 고급 검색시 검색 명령어나 검색어를 그룹으로 묶을 수 있는 명령어입니다.
- ₩, $: 제품이나 서비스 가격을 검색할 때 사용할 수 있는 명령어입니다.

- .. : 명령어 앞뒤에 연도를 기입하면 해당 연도 안에 포함되는 결과값만 보여줍니다.
- in : 두개의 다른 단위를 변환할 수 있는 명령어입니다.

주의할 것은 구글이 빅데이터 분석을 통해 잘 사용되지 않거나 필요성이 떨어진다고 판단하는 명령어를 주기적으로 없애거나 생성하고 있다는 점입니다. 때문에 수시로 명령어를 사용해보고 자신에게 필요한 목록을 갖춰 놓는 것이 필요합니다.

일반검색과 달리 도메인 URL처럼 특별한 매개변수를 입력해 찾거나 기본검색 명령어로 찾기 힘든 검색 결과를 좀 더 세부적으로 필터링할 때 사용합니다.

더 세밀한 구글링을 위한 고급검색 명령어

- **site** : 명령어 뒤에 원하는 사이트의 주소(URL)를 입력하면 특정 사이트 내용만 검색됩니다.
- **source** : site와 비슷한 기능으로 구글 뉴스 탭에서 특정 언론사 뉴스만 검색됩니다.
- **intext** : 검색어를 포함한 결과 값을 보여줍니다. 일반검색과 비슷하지만 검색어가 제목에만 있고, 본문에 없는 결과 값은 제외합니다.
- **allintext** : intext 명령어와 비슷하지만 검색어의 모든 단어가 본문(body text)에 포함돼 있는 결과 값만 보여줍니다.
- **intitle** : 제목에 검색어가 포함된 결과 값만 보여줍니다.
- **allintitle** : intitle 명령어와 유사하지만 검색어의 모든 단어가 제목에 포함된 결과 값만 보여줍니다.
- **inURL** : URL에 검색어가 포함된 웹 페이지의 결과 값만 보여주는 명령어 입니다.
- **allinURL** : inURL 명령어와 유사하지만 검색어의 모든 단어가 URL에 포함된 결과 값만을 보여줍니다.
- **filetype** : PDF, DOCX, TXT, PPT 등 특정 확장자(extension)를 가진 종류의 파일을 찾을 때 유용한 명령어 입니다. .
- **ext** : filetype 명령어와 동일합니다.
- **related** : 검색되는 URL과 연관된 웹사이트 결과 값을 보여주는 명령어 입니다.
- **AROUND X** : 근접 검색 명령어 입니다. 두개 이상의 단어나 문구가 X의 단어 수만큼 가까운 결과 값을 보여줍니다.
- **define** : 구글의 사전을 사용해 검색되는 단어의 뜻을 보여줍니다.
- **weather** : 검색어 지역의 날씨를 알려줍니다.
- **map** : 지도 명령어 입니다.
- **movie** : 영화 명령어 입니다. 특정 영화에 관해 관련된 값을 보여줍니다.

거대한 디지털 도서관
'웨이백 머신'

'웨이백 머신Wayback Machine'은 거대한 디지털 도서관 같은 무료 웹아카이브 사이트입니다. 방대한 양의 웹페이지와 책, 오디오 파일 등이 도서관처럼 보관돼 있어 오래된 기록물을 찾을 때 유용합니다. 2021년 7월 25일 현재 기준 5,910억개의 웹페이지와 557만권의 책, 700만종의 비디오, 1,340만종의 오디오, 73만개의 소프트웨어, 389만종의 이미지가 보관돼 있습니다. 이것은 엄청난 분량의 디지털 자산입니다. 이는 팩트체크나 온라인 정보에 대한 진위를 검증할 때 원본 자료를 찾아 비교할 수 있는 단서가 됩니다.

사용법은 의외로 간단합니다. 원본을 확인하고자 하는 사이트 URL을 입력한 뒤, 삭제된 게시물이 게재된 날짜를 탐색함으로써 원하는 정보를 찾을 수 있습니다. 다만 모든 웹사이트와 모든 날짜의 디지털 기록이 남겨져 있는 것은 아니기 때문에 과도한 기대는 금물입니다.

대신 강점도 있습니다. 중요한 기록을 보관하는 용도로 활용하는 것이 가능합니다. 일단 인터넷에서 archive.org/web[11]에 접속한 다음 검색창에 보존하고자 하는 URL을 입력하고 엔터를 누릅니다. 보존이 되어 있으면 크롤링 일자가 달력에 노란 버튼으로 표시되어 있고, 아니면 보존이 되어 있지 않다는 메시지가 나옵니다. 보존이 되어 있지 않은 상태에서 보존 버튼을 누르면 웨이백 머신이 문서를 보존합니다. 이미 보존이 되어 있는 URL을 다시 보존하려면 이 페이지의 우측 하단에 있는 'Save Page Now'에 보존할 URL을 입력하면 됩니다. 그런 다음 마지막으로 보존이 정상적으로 이루어졌는지 확인합니다.

특정 링크가 보존이 되었다면 각 링크의 보존된 페이지를 날짜별로 불러올 수 있습니다. 또 URL의 날짜 및 시간 부분에 다음 텍스트를 추가하면 보존된 문서가 표시되는 형식을 바꿀 수도 있습니다.

- id_ : 보존된 원본 그 자체(Identity)를 수정 없이 보여줍니다.
- js_ : 자바스크립트로 마크업 된 페이지를 보여줍니다.
- cs_ : CSS로 마크업 된 페이지를 보여줍니다.
- im_ : 이미지로 페이지를 보여줍니다.

11 QR

학술 자료
검색을 위한 툴

온라인 정보에 대한 진위여부나 보다 깊이 있는 정보를 확인하기 위해서는 논문이나 학술지 발표자료 등 전문 학술자료를 활용하는 것도 도움이 됩니다. 그런데 수많은 학술지에 분산돼 있는 학술논문을 검색해 나에게 필요한 논문을 찾아내는 작업이 그리 쉽지는 않습니다. 더구나 상당수 학술논문은 비공개거나 유료정책으로 진입장벽을 쌓아두고 있습니다. 하지만 포기하기엔 이릅니다. 학술자료를 검색해서 활용하는 툴을 사용하면 그나마 새로운 가능성을 찾을 수 있기 때문입니다.

손쉽게 활용할 있는 학술검색 툴로는 구글 학술검색과 사이허브Sci-Hub를 꼽을 수 있습니다. 구글 학술검색은 학술지 논문을 검색하는 서비스로, 국내외 다양한 학술지를 한 번에 검색할 수 있습니다. DBPia가 유료로 설정된 국내 학술논문만을 제공한다면, 구글 학술검색은 무료도 포함해 확인할 수 있습니다. 무료 논문은 즉시 PDF로 다운받을 수 있는 링크도 제공합니다.

특히 도움이 되는 것은 인용 횟수입니다. 학술논문의 인용 횟수는 논문의 권위와 신뢰성을 보여주는 좋은 단서입니다. 구글 학술검색에서는 모든 학술논문의 인용 횟수를 함께 공개하고 있어 수많은 논문들 가운데 참고할 논문을 가리는 데 큰 도움을 얻을 수 있습니다. 인용 횟수를 클릭하면 어떤 다른 논문에서 인용이 됐는지도 확인 가능합니다.

그런데 학술논문은 여전히 비공개나 유료정책 등으로 진입장벽이 있다고 설명한 바 있습니다. 이를 극복하기 위해 등장한 사이트가 바로 사이허브입니다.

사이허브는 2011년 카자흐스탄 출신의 알렉산드라 엘바키얀이 구축한 디지털 논문 저장소입니다. 사이허브는 논문의 디지털 식별자를 의미하는 DOIDigital Object Identifier 정보만 있으면 논문에 무료로 접근할 수 있게 했습니다. 거의 모든 논문에는 DOI가 부여되는데 이 번호를 사이허브 검색창에 입력하면 해당 논문을 다운받을 수 있습니다. 일부 국내 논문의 경우 DOI가 공개되지 않아 구글 학술검색과 사이허브를 함께 활용하면 더욱 효과적입니다.

국내에서도 최대 포털인 네이버는 방대한 분량의 학술정보academic.naver.com를 공유하고 있습니다. 8월 22일 현재 네이버 학술정보 코너를 보면 2억 7백만여개의 학술문서와 14억 8천만개의 인용문헌, 11만 6천여개의 학술지를 보유하고 있다고 합니다. 또 분야별로도 출판이나 인용현황을 볼 수 있고, 연구트렌드를 분석해 볼 수도 있어 유용하게 활용 가능합니다.

효율성 높여주는
체크리스트

체크리스트는 조사에 필요한 단서를 모을 때 유용합니다. 가장 먼저 확인해야 할 것은 실제 사건의 발생 여부입니다. 가령 '몇 분 전 런던에서 일어난 폭발사건'이라는 사진을 보게 되면 정말로 폭발이 일어났는지부터 확인해야 합니다. 확실한 사건이라면 그 사진이나 동영상부터 검증을 시작합니다. 이때 매우 유용한 것이 체크리스트입니다.

퍼스트드래프트가 제안하는 체크리스트는 두 종류로 하나는 사진, 다른 하나는 동영상 검증을 위한 것입니다. 각 체크리스트에는 다섯 가지 질문과 확실성 정도에 따른 답안이 있습니다. 다섯 가지 질문에 답을 하고 나면 해당 사진이나 동영상을 기사에 사용할 수 있는지, 또는 소셜 미디어에서 공유할 수 있는지에 대한 최종 판단과 결정을 내릴 수 있습니다.

예를 들어 어떤 사진이 하나 있을 때 위치는 100% 확실하지만 원본인지 확실하지 않을 때가 있습니다. 또 어떤 사진은 올린 사람이 사진

1 원본 버전을 보고 계십니까?

NO
리버스 이미지 검색 결과에서 해당 사건이 발생하기 전에 동일한 사진이 온라인상에 인덱스 된 것을 확인했다.

리버스 이미지 검색 결과에서 일부 동일한 특징들이 포함된 검색 결과가 나타남에 따라 합성 이미지일 가능성이 있다.

각 소셜 미디어상의 날짜 검색 결과에서 해당 이미지가 온라인상에 공유된 수많은 관련 이미지 중 가장 처음 업로드된 버전으로 밝혀졌으나, 업로드한 사람으로부터 아직 확인을 받지 못했다.

온라인상에서 다른 버전들을 찾지 못했고, 그림자 및 반사 형태 확인 결과 조작된 것이 아닐 수 있다.

YES
제보자에게 직접 전달 받은 이미지이며 제보자와 이야기를 나눈 상태다.

2 누가 이 사진을 촬영했는지 아십니까?

NO
익명의 이메일 혹은 채팅앱 번호를 통해 전송되었다.

소셜 미디어에 업로드 되었으나 사용자 ID는 온라인상의 다른 곳에는 나타나지 않으며 업로드한 사람은 익명으로 남길 원한다.

풀네임 검색, 사용자의 프로필 사진을 리버스 검색 및/또는 그들의 블로그나 웹사이트의 도메인 소유권을 확인한 결과 업로드한 사람을 찾을 수 있었다.

이미지를 업로드한 사람과 소셜 미디어를 통해 연락이 닿았고 직접 해당 사진을 촬영한 것을 확인했다.

YES
사진 제공자에게 문의한 결과 그의 답변이 EXIF (Exchange Image File Format) 데이터, 날씨 정보 및 그의 온라인 풋프린트와 상관관계가 있었다.

3 어디서 이 사진이 촬영되었는지 아십니까?

NO
위치 데이터가 없고, 사진에는 조사할만한 시각적 단서가 없다.

해당 현장을 촬영한 다른 사진들과 교차 참조해 보았으나, 위치를 확인할 만한 위성 또는 거리 뷰 이미지를 찾을 수 없었다.

표지판, 건축물 및 옷차림과 같은 시각적 단서를 활용해 지역을 광범위하게 추정할 수 있다.

맵핑 툴들을 사용해 지형과 대표적인 건물 등을 교차 확인하여 위도/경도 좌표를 확인했다.

YES
사진 제공자가 촬영지의 특징적인 랜드마크 등을 확인해주었고, 이것은 온라인 지도에서 표시된 것과 일치했다.

4 이 사진이 **언제** 촬영되었는지 아십니까?

NO
해당 사진이 우리에게 익명으로 보내졌고, 입수할 수 있는 EXIF 데이터가 없다.

소셜 미디어상에 업로드 된 가장 초기 버전의 타임 스탬프(time stamp)를 확인해보았으나, 언제 촬영되었는지 확인 할 수 있는 EXIF 데이터를 얻지 못했다.

소셜 타임스탬프 확인 후, 해당 사건이 발생하고 얼마 지나지 않아 업로드된 것으로 확인되었고, 다른 목적 보도들과 상관관계가 있는 시각적인 증거들을 담고 있는 것으로 확인되었다.

해당 사진상의 날씨 상황과 그림자 등이 사진을 제공한 사람이 제공해준 시간, 날짜 및 위치와 상관관계가 있는 것으로 확인되었다.

YES
해당 사진은 EXIF 데이터를 포함하고 있었고, 다른 확인 방법들과 조합해본 결과 언제 촬영된 것인지 확인할 수 있었다.

5 이 사진이 **왜** 촬영되었는지 아십니까?

NO
누가 이 사진을 찍었는지 알아내지 못했기 때문에 동기가 무엇이었는지 확인할 수 없었다.

소셜 미디어 계정이 매우 최근에 생성되었거나 소셜 검색 결과 업로드한 사람이 온라인상에 포스팅을 거의 하지 않았기 때문에 그 행적이나 촬영 동기를 확인하기 매우 힘들다.

업로드한 사람의 실명에 대한 좀 더 광범위한 온라인 검색 한 결과 행동 단체 또는 지지단체와 연결되어 있는 것으로 드러났으나, 해당사진의 촬영 동기에 대한 추가 정보는 없었다.

업로드한 사람이 해당 사진을 촬영하기 직전까지의 소셜 미디어 활동을 검색해본 결과, 해당 사진을 촬영한 이유를 확인할 수 있었다. 예를 들어 여행객, 저널 리스트, 지역 근로자 등

YES
사진을 촬영한 사람과 연락해 해당 사진과 관련된 상황을 확인받았다.

목격자(eyewitness) 사진은 모든 측면에서 100퍼센트 확신이 거의 불가능하다는 것을 표시하기 위해 각 단계는 등급별로 교통 신호 색으로 표시됨.

FIRSTDRAFT
Getting news right from the source

firstdraftnews.com

을 촬영한 사람과 동일인이 아니라는 의심이 들 수 있습니다. 이런 식으로 검증 단계를 하나하나 거치면 사진이나 동영상의 모든 측면을 조사할 수 있습니다.

체크리스트에는 5가지 주요 항목에 대한 구체적 점검절차가 담겨 있습니다. 첫째로 **원본 여부**입니다. 이미지나 동영상의 원본 버전을 보고 있는지 살펴야 합니다. 항상 제일 먼저 확인해야 하는 부분입니다. 그렇지 않으면 메타데이터가 올바르지 않을 수 있습니다.

두 번째는 **출처**입니다. 누가 이 콘텐츠를 만들었는지 점검하는 것입니다. 누가 업로드했는지가 아니라 누가 촬영했는지가 중요합니다. 요즘은 많은 사람들이 포괄적으로 디지털 흔적을 남기고 있습니다. 다양한 소셜 미디어 계정 등으로 추리해보면 한 사람에 대해 정말 많은 정보를 알 수 있습니다.

그래서 두 가지를 확인해야 합니다. 하나는 조사를 통해 이 콘텐츠 제작자의 연락처를 찾을 수 있는지 여부입니다. 이를 통해 직접 통화해보는 게 최선책입니다. 다른 하나는 그 사람의 소셜 미디어를 통해 해당 사건 발생 당시 근처에 있었던 게 사실인지를 확인하는 것입니다.

세 번째는 **날짜**입니다. 이 콘텐츠가 언제 촬영되었는지 확인하는 것입니다. 명심할 것은 사진이나 동영상이 언제 업로드됐는지가 아닙니다. 촬영된 날짜는 찾기가 힘든 경우가 많습니다. 그런데도 언론에서는 업로드된 날짜를 동영상이 만들어진 날짜로 추청해서 잘못된 보도를 하는 경우가 종종 있습니다. 물론 스마트폰 시대인 만큼 중요한 사건이 터질 때 사람들이 즉시 사진이나 동영상을 올리는 경우가 많습니다. 그렇지만 매 사건마다 항상 그렇다고 생각하는 건 큰 오산입니다.

네 번째는 **위치 확인**입니다. 트위터, 페이스북, 인스타그램의 일부 게시물은 위치가 연계돼 있지만, 이런 것은 조작하기 매우 쉽습니다. 그래서 항상 독자적으로 사진이나 동영상을 컴퓨터나 위성사진에서 찾아봐야 합니다. 이는 검증과정에서 가장 보람찬 과정이기도 합니다.

마지막은 **동기와 의도**입니다. 동영상이나 사진을 촬영한 사람들의 동기나 의도를 생각해보는 것입니다. 촬영자의 동기를 정확하게 이해하는 것은 매우 중요합니다. 우연히 사건이 일어난 장소에 있다가 사건을 목격한 사람일 수도 있지만, 일부러 특정 관점에서 사건을 포착하려고 그 장소로 찾아간 사람일 수도 있습니다. UN에서 일하는 현장 담당자일 수도 있습니다.

물론 의도가 있다고 해서 사진이나 동영상이 전부 쓸모없어지는 건 아닙니다. 그러나 이런 관점은 스토리텔링일 뿐 정확한 사실관계를 위해서는 추가적인 설명이 필요합니다.

경찰 무전 내용도
들을 수 있다고?

가짜뉴스 검증을 위해서는 작업환경을 최적화하고 효율적으로 재구성하는 것이 중요합니다. 2017년 9월 뉴욕타임스 말라키 브라운 기자는 영상 강의를 통해 관련 내용을 소개했습니다. 브라운 기자는 검증 테크닉을 익히기 전에 가상 워크스테이션을 만들고 준비하는 것이 중요하다고 강조했습니다. 구글 크롬 프로파일을 만들고, 주어진 북마크를 그대로 가져온 후 클라우드에 동기화시키는 것처럼 간단하다는 것이 그의 설명입니다.

먼저 유튜브 검증에 도움이 되는 도구들부터 살펴보겠습니다. 예를 들어 구글을 통해 텍사스 휴스턴에서 게시된 최신 동영상을 찾고 싶다면 지난 12시간 또는 9시간 안에 업로드된 동영상을 검색할 수 있습니다. 또 위치도 알 수 있고, 날짜, 설명, 헤드라인, 그리고 저자에 관한 정보도 알 수 있습니다. 검색조건에서 유튜브만 볼 수도 있고 아니면 인터넷에 떠도는 다양한 영상 전체를 선택할 수도 있습니다.

'앰네스티 유튜브 데이터 뷰어citizenevidence.amnestyusa.org'에서 동영상 링크를 검색해봅니다. 여기에 넣으면 동영상이 업로드된 날짜, 시간이 세계시로 표시되고, 원하면 현지 시간으로도 바꿀 수 있습니다. 또 저절로 생성되는 썸네일에 대한 역추적 이미지 검색을 통해 동영상이 새로 만들어진 건지 아니면 오래된 영상인지도 확인할 수 있습니다. 이 도구를 사용하면 동영상을 프레임별로 볼 수 있습니다. 속도를 늦추고 세밀한 부분을 확대해볼 수도 있습니다. 얼굴이나 모양, 로고 등을 확인할 때 특히 유용합니다.

'DetURL.com'은 세로로 긴 동영상 등을 볼 때 유용합니다. 90도 각도를 돌려서 더 제대로 볼 수도 있습니다.

맵핑 도구도 활용도가 높습니다. 구글 지도는 아마 여러분이 제일 익숙한 도구일 것입니다. 마을, 도시, 지형 등을 확대해서 위성사진으로 볼 수 있습니다. 3D뷰를 선택한 뒤 확대해 소셜 미디어에 업로드된 사진과 동영상이 찍힌 위치를 검증할 때 사용합니다. 구글 어스는 데스크톱에 다운로드해서 사용할 수 있습니다. 과거 위성사진을 검색할 수도 있고, 두 위치 사이의 거리를 측정할 수도 있습니다. 빙Bing도 위성사진을 제공하는 업체입니다. 같은 곳을 각기 다른 시기에 찍힌 다른 사진으로 볼 수 있어 유용합니다. 얀덱스Yandex도 마찬가지인데 러시아와 동유럽 지역을 더 자세히 보여줍니다.

위키매피아Wikimapia는 재미있는 도구인데 다각형으로 지역별 특징을 설명해줍니다. 검색하려는 지역에 대해 추가적인 맥락을 알 수 있게 도와주고, 구석진 교외 지역 등을 찾는 데도 유용합니다.

썬칼크SunCalc는 주어진 날짜와 시간대에 태양의 위치를 알려주는 도구입니다. 일출과 일몰 시간 및 하루 동안 태양의 각도가 어떻게 변하는지도 알려줍니다. 이걸 사용하면 사진이나 동영상이 찍힌 시간을 알아내는 데 유용합니다. 포토그래퍼스 이피머리스The Photographer's Ephemeris, TPE도 비슷한 도구입니다. 원래는 사진가들에게 제일 좋은 조명 조건이 언제인지 알려주는 사이트이지만 검증 목적으로도 유용합니다.

마린트래픽Marine Traffic은 사용량이 매우 많은 세계적인 선박추적 사이트로, 운송 데이터에 대해 많은 정보를 포함하고 있습니다. 베셀파인더Vessel Finder도 마찬가지입니다. 기능은 조금씩 다르지만 둘 다 매우 유용합니다.

비행기도 추적할 수 있습니다. 플라이트레이더Flightradar와 플레인파인더Plane Finder는 전 세계 비행기들의 위치를 실시간으로 추적할 수 있는

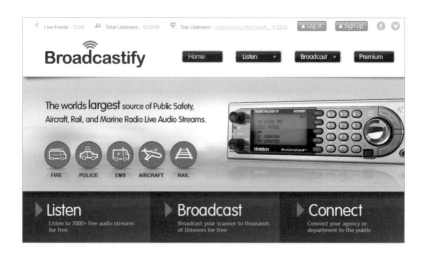

사이트입니다. 플라이트어웨어Flight Aware도 비슷하지만 기능은 조금 다릅니다. 라이브ATC를 사용하면 항공 교통관제 내용을 들을 수 있고, 브로드캐스티파이Broadcastify는 북미 경찰의 무전을 듣는 게 가능합니다.

이미지 검증에 주로 사용하는 도구들도 있습니다. 사진의 EXIF 데이터촬영된 사진에 담긴 위치, 시간 등의 정보 검증을 위해서는 verexif.com을 사용합니다. 사진을 사이트에 올리면, 사진이 촬영된 위도 및 경도 등의 정보가 사이트에 표시됩니다. 구글 역추적 이미지 검색과 비슷한 카르마디케이Karma Decay는 레딧Reddit에 게시된 이미지를 역추적해 검색하는 사이트입니다.

맵핑 도구	• 구글 어스 www.google.com/earth
	• 빙 www.bing.com
	• 얀덱스 yandex.com
	• 위키매피아 wikimapia.org
	• 썬칼크 suncalc.net
	• 포토그래퍼스이피머리스 app.photoephemeris.com/join

선박/운송 추적 도구	• 마린트래픽 www.marinetraffic.com
	• 베셀파인더 www.vesselfinder.com
	• 플라이트레이더 www.flightradar24.com
	• 플레인파인더 planefinder.net
	• 플라이트어웨어 flightaware.com

| 이미지 검증 | • verexif.com |
| | • 카르마디케이 karmadecay.com |

가짜뉴스에 맞설 '절대반지' 툴박스

전쟁을 준비하는 장군은 전략을 잘 세워야 합니다. 전투를 앞둔 군인은 자신의 몸 상태와 전투의지를 최상으로 끌어올리는 것이 중요합니다. 이와 함께 무기도 잘 갖춰야 합니다. 사용법을 철저히 익히고, 기술이 녹슬지 않도록 평소에도 쉬지 않고 훈련해야 합니다.

가짜뉴스와의 싸움도 다를 바 없습니다. 정부와 개인 모두 쏟아지는 허위조작정보와 맞서 싸우기 위해 쉬지 않고 노력해야 합니다. 이런 장기전에는 효율성을 극대화할 수 있는 무기도 필요합니다. 가짜뉴스와의 전투에 최적인 무기, 바로 툴박스입니다. 온라인 정보를 검증하기 위한 다양한 도구들이 묶음으로 구성돼 있습니다. 앞서 말라키 브라운 기자가 설명한 다양한 검증도구들도 대부분 포함돼 있습니다. 대표적인 툴박스 몇 가지를 소개하겠습니다.

우선 영국 탐사보도 전문매체 벨링캣의 툴키트Bellingcat's Online Investigation

Toolkit입니다. 벨링캣 툴키트는 다양한 카테고리로 나뉩니다.

- 지도·위성·거리뷰 Maps, Satellites & Streetview
- 위치기반검색 Location Based Searches
- 이미지·영상 검증 Image & Video Verification
- 소셜 미디어 Social Media
- 운송 Transportation
- 날짜·시간 Date & Time
- 후이즈 및 웹사이트 분석 WhoIs, IPs & Website Analysis
- 인물·전화번호 People & Phone Numbers
- 기록물·다운로드 Archiving & Downloading
- 회사 등록 Company Registries
- 데이터 시각화 Data Visualization
- 온라인 보안 및 개인정보보호 Online Security & Privacy
- 전문가 찾기 Finding Experts
- 다양한 가이드·핸드북 Miscellaneous, Guides & Handbooks

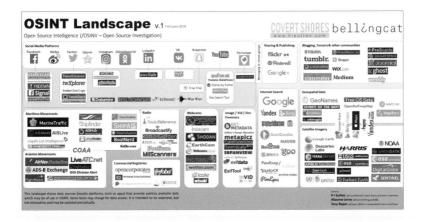

각각의 카테고리에는 세부항목이 자세히 망라돼 있습니다. 나아가 밸링캣 툴키트 소개자료에는 세부항목에 대한 기본적인 설명과 찬반 의견이 갈리는 포인트를 간략하게 요약하고 있습니다. 그리고 링크 주소까지 소개돼 누구나 편리하게 이용 가능합니다.

다음은 '스타트미'라는 별칭을 가진 퍼스트 드래프트 툴박스start.me입니다. 밸링캣처럼 다양하게 범주가 나뉘어져 있고, 달라진 인터넷 환경과 기술에 따라 계속 버전업을 합니다. 초급자용, 상급자용 툴박스를 구분해 수준에 따른 선택이 가능합니다. 가령 초급자용 툴박스의 경우 간단하게 아래와 같이 분류돼 있습니다.

- **인물검색** Finding People
- **도메인 찾기** Domains
- **트위터도구** Twitter tool
- **익명 웹검색** Anonymous web
- **광고 투명성 도구** Ad Transparency Tools
- **지도 및 지리위치** Maps & geolocation
- **사진검증** Photo verification,
- **비디오검증** Video verification
- **날짜** Dates
- **브라우저 플러그인** Browser Plugin
- **모니터링** Monitoring
- **측정 스프레드** Measuring spread

상급자용 툴박스는 이보다 훨씬 많은 범주와 세부항목이 펼쳐집니다.

이것 외에도 버즈피드 탐사전문기자 크레이그 실버만이 소개하는 검증 및 디지털 탐사 리소스Verification and Digital Investigations Resources도 매우 유용한 도구모음입니다. 실버만은 아래와 같이 범주를 나누고, 다시 추가 세부항목으로 검증도구를 소개하고 있습니다.

- **필수 브라우저 플러그인** Essential Browser Plugins
- **사진 분석** Photo Analysis
- **비디오 분석** Video Analysis

- 웹사이트 분석 Website Analysis
- 소셜 미디어 검색 및 계정 분석 Social Media Search and Account Analysis
- 사람 찾기 Finding People
- 광고 분석 Advertising Analysis
- 웹트래픽 분석 Web Traffic Analysis
- 기업비즈니스 도구 Corporate/Business Tools
- 가이드 및 기타 리소스 Guides & Other Resources

우리가 위에서 언급한 3가지 검증도구만 이해하고 제대로 활용할 수 있다면 가짜뉴스와 맞설 수 있는 무기를 갖췄다고 볼 수 있습니다. 쉽게 말해 이는 검증의 '절대반지'라 할 수 있습니다.

최근 우리 사회에서 관심이 커진 팩트체크는 사금 채취와 닮았습니다. 수많은 정보들 가운데 허위 정보들을 버리고 솎아낸 뒤 귀한 정보만 찾아가는 과정이기 때문입니다. 이 과정에서 툴박스는 사금 채취를 위한 수공업적인 거름망이 아니라 일종의 금속탐지기 같은 것입니다. 속도나 효율성에서 엄청난 차이가 납니다. 의지가 충만하고, 무기까지 준비됐다면 이제부터 본격적으로 가짜뉴스와의 전장으로 나갈 준비가 됐음을 의미합니다.

영상 검증의 '만능칼' 인비드

영상이나 사진 등의 진위, 조작여부를 검증할 때 사용하는 다양한 검증 기법과 툴이 있습니다. 그중에서도 인비드는 일반인이 쉽게 사용할 수 있는 아주 유용한 툴입니다. 출발부터 허위 정보에 맞서기 위한 공익 목적으로 탄생한 프로그램이기 때문입니다. 인비드는 소셜 미디어 등을 통해 널리 유통되는 사진이나 동영상 등의 진위 여부를 자동으로 파악할 수 있는 기술적 장치를 개발하고 있습니다.

작동 방식은 이렇습니다. 예를 들어 허리케인 '어마Irma'와 관련한 영상이 소셜 미디어 등에 게시되면 이를 프레임별 이미지로 추출하고, 인비드가 보유한 이미지 데이터베이스와 비교해 해당 영상이 이미 15개월 전 게시된 영상임을 밝혀내는 식입니다. 유럽연합EU은 2016년부터 EU 혁신프로그램인 '호라이즌 2020Horizon 2020' 자금을 지원하고 있습니다. 호라이즌 2020은 EU의 가장 큰 연구개발기금 중 하나로, 기금규모가 약 800억유로에 달합니다. 그런 기금에서 가짜뉴스 검증을 위한 프로젝트에 투자하는 것은 가짜뉴스로 인한 사회적 폐해가 그만큼 크다는 것을 반증하는 것입니다.

인비드 검증방식에 대해 조금 더 알아보겠습니다. 인비드 소프트웨어는 입력된 동영상이 과거 뉴스 등에 사용된 전력이 있는지를 확인하고, 소셜 미디어 기반의 맥락 분석까지 실시해 해당 영상과 관련된 주변 정보를 제공해줍니다. 뿐만 아니라 프레임 단위로 다양한 필터 기반의 동영상 포렌식을 실시해 영상의 특이사항들을 확인할 수도 있습니다. 특히 영상을 프레임 단위로 추출한 뒤 각각의 이미지를 검증하는 것은 굉장한 강점입니다. 통상 하나의 영상은 수백, 수천 장의 프레임으로 구성되는데, 이를 각각의 프레임으로 나눠 조작여부를 가릴 수 있도록 한 것입니다.

인비드는 영상을 프레임 단위로 쪼갠 뒤 검증 가능한 한 장의 이미지로 만들어 줍니다. 추출된 각 프레임은 구글 리버스 이미지 검색, 얀덱스 리버스 이미지 검색, 트위터 비디오 검색 등을 통해 중복, 삽입 등의 여부를 파악합니다. 바로 키프레임 기능입니다.

또 기자들이나 언론인들을 위한 소프트웨어를 따로 개발했습니다. 웹 브라우저 크롬 및 파이어폭스 플러그인으로 설치하면 가짜뉴스와 이미지, 비디오를 검증해 줍니다. 플러그인을 설치하면 동영상 URL, 이미지 URL로 검색할 수 있는 기능을 제공하며, 인비드 페이지에서 통합 검증이 가능한 화면을 제공합니다. 통합 검증 페이지를 통해 간략한 분석, 키프레임 분석, 썸네일, 트위터, 페이스북 영상, 메타데이터, 비디오 저작권 등을 확인할 수도 있습니다.

인비드는 '스위스 만능칼'에 비유되기도 합니다. 말하자면 검증이나 팩트체크계의 '맥가이버'인 셈입니다.

2018년 이탈리아 로마에서 열린 제5회 글로벌팩트체킹서밋에서도 인비드 프로젝트가 소개됐습니다. 에어랑겐 뉘른베르크대학교 크리스천 리에스Christian Riess는 "컴퓨터 그래픽은 편집을 통해 비디오 속 인물의 감정이나 표정 등을 쉽게 조작할 수 있다"며 "저널리스트들은 소셜 미디어에 올라온 동영상 혹은 사진을 뉴스로 쓸 때 그것이 진짜인지 가짜인지 확인할 의무가 있다"고 강조했습니다. 그는 특히 "머신러닝 기술을 통해 조작된 영상을 찾아낼 수 있지만, 이는 영상의 품질에 많은 영향을 받는다"며 "인비드 프로젝트는 화면을 조각낸 뒤 프레임을 분석하는 방법으로 조작된 영상을 찾아낼 수 있다"고 덧붙였습니다.

고양이 목에 방울 다는
벨링캣

벨링캣Bellingcat은 2014년 엘리엇 히긴스가 창설한 영국의 온라인 탐사전 문매체입니다. 유튜브, 구글맵, 트위터 등 온라인에 공개된 소스를 통한 취재로 유명합니다. 벨링캣이 국제적인 유명세를 탄 계기가 두 번 있었습니다.

2018년 5월, 벨링캣은 2014년 7월 우크라이나 상공에서 벌어진 말레이시아 여객기 격추사건의 실마리를 제공하면서 주목을 받았습니다. 벨링캣은 당시 사용된 미사일의 일련번호를 찾아내 러시아가 개입된 증거를 제시했습니다.

2018년 10월에는 그해 3월 영국에서 발생한 러시아 출신 이중스파이 세르게이 스크리팔에 대한 암살시도 사건 용의자 2명의 신원을 밝혀내기도 했습니다. 벨링캣은 용의자가 군의관인 알렉산드르 미슈킨과 아나톨리 체피카 대령이며, 두 사람 모두 '러시아 연방 영웅상'을 받았다고 보도했습니다. 두 사건 모두 정부 공식발표보다도 더 정확하고 깊은 정보가 담겨 있어 화제를 모았습니다.

창립자 엘리엇 히긴스는 필명 브라운 모지스로 널리 알려져 있는데 그는 2012년부터 시리아 내전에 대해 취미로 조사하기 시작했습니다. 공개된 자료를 다양한 인터넷 툴을 이용해 이리저리 추적해 가는 방식으로 유명해 오픈소스 기자로 불리기도 합니다.

그런 그가 2014년 설립한 벨링캣은 '고양이 목에 방울달기'에서 따온 것입니다. 벨링캣은 두 가지 섹션으로 나뉩니다. 기사만 볼 수 있는 페이지, 그리고 기사 쓰는 방법과 오픈소스 도구 및 데이터를 공유하는 페이지가 있습니다.

벨링캣은 전쟁국가 위주로 탐사보도를 진행합니다. 전쟁국가들에 갈 수 있는 기자는 한정돼 있기 때문입니다. 벨링캣은 비록 현장에 가지 않더라도 실시간으로 올라오는 일반 시민들의 이야기를 찾고 담으면 언론사들이 미처 찾지 못한 새로운 소식을 뉴스로 만들 수 있다고

국토부 에어포털 홈페이지

믿고 있습니다. 앞서 소개한 다양한 검증 툴을 통해 기성 언론 못지않은 탐사보도의 전형을 만들어가고 있습니다.

벨링캣의 항공기 추적 과정

벨링캣이 소개하는 다양한 검증 노하우 가운데 항공기(비행) 추적에 대해 한번 알아보겠습니다. 비행 추적은 오픈소스 조사자에게 접근 가능하고 유용한 도구입니다. 영향력이 크고 강력한 개인이나 군용 항공기의 움직임을 추적할 수 있다면 스토리에 중요한 세부 사항을 추가하거나 완전히 새로운 내러티브를 발견할 수 있습니다. 이를 위해 우리가 활용할 수 있는 몇 가지 상업용 웹사이트나 취미 웹사이트가 있습니다. 그런데 비행 추적을 시작하는 데는 먼저 몇 가지 항공 전문용어에 익숙해질 필요가 있습니다. 추적에 꼭 필요한 항공 용어는 다음과 같습니다.

- **호출 부호(Call Sign)** : 항공기가 비행 중 사용하는 식별자. 개인 항공기는 등록번호를 호출부호로 사용하지만, 상용 항공편은 노선에 따라 호출부호가 따로 부여되는 경우가 많습니다. 예를 들어 루프트한자의 프랑크푸르트–올랜도 항공편 호출 부호는 LH464입니다.
- **등록 부호(Registration Number)** : 자동차 번호판과 같은 개념으로, 세계 모든 항공기에 적용되는 사항입니다. 항공기가 관할권에 등록될 때마다 할당됩니다. 등록부호는 일반적으로 항공기 꼬리 부분에 있습니다. 나라마다 다르지만, 가령 캐나다 항공기는 문자 C로 시작하는 등록 부호가 있습니다.
- **제조사 일련번호(MSN, Manufacturer Serial Number)** : 제조현장에서 각 항공기에 할당된 고유 번호. 등록부호가 자동차 번호판과 같다면, MSN은 제조사가 자동차에 할당한 차량식별번호에 해당합니다. 호출부호, 등록번호와 달리 항공기 MSN은 변경할 수 없습니다. 따라서 수년에 걸쳐 항공기를 추적하고 구매하려는 경우, MSN을 아는 것이 중요합니다. 항공기 MSN은 항상 동일하게 유지되기 때문입니다.

- ADS-B(Automatic Dependent Surveillance-Broadcast) : '자동 종속 감시시설— 방송'을 의미합니다. 이를 통해 오픈 소스 조사자들이나 비행추적 애호가들이 볼 수 있는 웹사이트의 항공편을 추적할 수 있는 기술입니다.

이처럼 항공기의 호출부호와 등록부호, MSN 가운데 어디에 중점을 둘지는 찾으려는 목적에 따라 다릅니다. 가령 소중한 사람이 타고 있는 비행기를 추적하려면 호출부호가 필요합니다. 그게 아니라 개인에 등록된 비행기가 Y시 X위치에 있는지 확인하려면 등록부호가 있어야 합니다. 또 한 항공기가 몇 년 동안 어떻게 인도됐는지를 추적하려면 MSN을 아는 것이 도움이 될 것입니다.

베네수엘라 정부의
비밀 비행기

2019년 8월 10일 콜롬비아의 안드레스 파스트라나 전 대통령은 니콜라스 마두로 베네수엘라 대통령의 비행기가 최근 쿠바를 여행했고, 콜롬비아 게릴라 지도자와 다른 개인을 수송하고 있다고 트위터에 올렸습니다. 비행기에 탑승한 사람을 확인할 수 있는 오픈 소스 정보가 없었지만, 비행 추적 웹사이트 및 기타 소스를 통해 사람들은 베네수엘라 정부 당국이 비행기를 사용하고 있다는 파스트라나의 주장을 확인할 수 있었습니다.

파스트라나는 트위터에 문제의 비행기를 'YV3016'로 식별했습니다. 이제 비행기 등록부호를 알았으니 비행추적 웹사이트로 자세한 정보를 찾을 수 있습니다. 플라이트레이더24에서 'YV3016'을 검색하려면 실시간 교통 화면 상단의 검색 창에 등록부호를 넣으면 됩니다. 웹사이트는 'YV3016'을 표시하는 검색 막대 아래에 드롭다운 창을 표시해 항공기에 대한 기록이 있음을 알려줍니다.

이제 플라이트레이더24가 'YV3016'에 대해 알려주는 내용을 살펴보겠습니다. 이 사이트에 따르면 'YV3016'은 베네수엘라 국유 상업항공사인 콘비아사Conviasa가 운영합니다. 이는 화면 왼쪽의 텍스트뿐만 아니라 제트포토스JetPhotos.com 화면 오른쪽의 'YV3016' 이미지 2개로도 입증됩니다. 이 이미지는 비행기의 외부 디자인이 다른 콘비아사 비행기와 같다는 것을 보여줍니다.

그리고 항공기의 비행 이력을 빠르게 스캔하면 몇 가지 질문이 제기됩니다. 예를 들어 우리는 'YV3016'이 5월5일 카라사크에서 모스크바로, 6일 모스크바에서 이스탄불, 그리고 7일에는 이스탄불에서 카라카스로 비행했다는 것을 알 수 있습니다. 그런데 콘비아사 웹사이트에는 그 비행기가 그렇게 운행하지 않았다는 것을 보여줍니다.

어떻게 된 일일까요? 이는 'YV3016'이 개인적으로 사용하고 있음을 말하는 것입니다. 제트포토스와 플랜스포터에서 'YV3016'을 검색하면 라스팔마스, 헤이그, 리스본, 제네바를 포함해 콘비아사가 서비스하지 않는 다른 위치의 항공기 이미지가 표시됩니다.

이것만이 아닙니다. 플라이트레이더24의 'YV3016' 검색 페이지에는 또 다른 중요한 세부 사항이 포함됩니다. 문제의 항공기는 일반 항공기가 아니라, 고급 비즈니스 제트기인 엠브라에르 리니지 1000Embraer Lineage 1000입니다.

이 모든 정보를 종합하면 일반 콘비아사 상용 여객기로 등록된 이 고급 비행기가 실제로는 개인용이라는 증거가 됩니다. 콘비아사는 베네수엘라 국유항공사임을 감안하면, 정부 공무원과 VIP가 비밀리에 전 세계를 여행하는 데 사용한다는 것을 나타냅니다. 이처럼 'YV3016'의 움직임을 추적해 뉴스를 앞서 나갈 수 있습니다. 즉 정부 관리를 포함한 베네수엘라 VIP가 어디로 가는지 알아낼 수 있다는 의미입니다. 물론 이런 꼼수를 다른 나라 정부에서 사용하고 있는지도 확인이 필요해 보입니다.

위와 같이 기록 데이터를 제공하는 실시간 교통 웹사이트에서 비행기 탐지 웹사이트, 트위터까지 온라인에서 이용 가능한 풍부한 오픈소스 정보 덕분에 항공편 추적이 가능합니다. 비행 추적 웹사이트는 더 많은 데이터 이용을 위해 유료 가입을 요구하지만, 무료 사용자에게도 많은 유용한 정보를 제공합니다. 유료와 무료 이용에 따른 데이터 격차가 있지만, 실제로 다양한 사이트와 도구를 종합적으로 활용하는 사람의 창의적 사고가 더 큰 차이를 보여 준다는 것이 전문가들의 충고입니다. 비용이나 데이터량보다 더 중요한 것은 결국 추적하는 사람의 의지와 창의성입니다.

항공기의 주민등록번호, 항공기 등록부호

항공기 등록부호에 대해 조금 더 자세히 알아보겠습니다.

항공기를 이용할 때 동체에 적혀있는 'HL7611'과 같은 부호를 발견하게 됩니다. 바로 항공기 "등록부호"인데요, 세계의 모든 항공기는 주민등록번호와 같이 각각 다른 등록부호를 가지고 있습니다. 항공기가 비행하기 위해서는 먼저 등록을 해야 하는데, 전 세계 어느 하나의 국가에 등록되어야 하며, 이중국적을 갖지 못하도록 되어 있습니다. '등록부호'는 '국적기호'와 '등록기호'로 구분되는데 앞의 두 문자 'HL'은 국적기호로서 대한민국에 등록된 항공기라는 의미가 있으며, 뒤의 네 숫자는 등록기호로서 항공기별로 부여됩니다.

국제전기통신연합 ITU의 무선통신위원회에서 국가별로 지정한 무선국 부호에서 대한민국은 'HL'을 사용하도록 부여한 것입니다. 미국은 'N', 중국은 'B', 일본은 'JA', 바레인은 'A9C' 등을 사용하고 있습니다. 이렇게 정한 이유는 각 나라에 부여된 무선국 기호의 첫 글자를 딴 것입니다. 가령 우리나라의 경우 호텔 리마 HL, 미국 노벰버 N, 일본 줄리엣알파 JA 독일 델타 D, 프랑스 폭스트롯 F, 영국 골프 G, 중국 브라보 B, 스위스 호텔 브라보 HB, 호주 빅터 호텔 VH 등입니다.

'HL' 다음 네 자리는 국토교통부령에서 고시한 '항공기 및 경량항공기 등록기호 구성 및 지정요령'에 따라서 항공기 종류, 장착된 엔진의 종류와 숫자 등을 고려해 지정하게 됩니다.

예를 들어 항공기 및 엔진의 종류를 뜻하는 첫 번째 숫자의 '1'과 '2'는 피스톤엔진 비행기, '5'는 터보프롭엔진 비행기, '7'과 '8'은 제트엔진 비행기, 그리고 '6'은 피스톤엔진 헬리콥터, '9'는 터빈엔진 헬리콥터인 경우에 배정합니다.

두 번째 숫자는 항공기마다 약간 다르지만 엔진 수와 관계가 있습니다. 흔히 보는 제트엔진 비행기인 경우 '1'은 엔진이 1개, '0', '2', '5', '7' 및 '8'은 엔진이 2개, '3'은 엔진이 3개, '4'와 '6'은 엔진이 4개가 장착된 항공기를 의미합니다. 이처럼 항공기 등록부호 하나만으로도 생각보다 훨씬 많은 정보를 파악할 수 있다는 것입니다.

권위로 포장한
가짜 전문가

글로벌 탐사저널리즘 네트워크GIJN, Global Investigative Journalism Network가 추천하는 가짜뉴스 식별법도 도움이 됩니다. GIJN은 2003년 탐사보도 전문 매체와 언론인들이 모인 국제 연대 조직으로 설립됐습니다. 2019년 1월 기준 75개국 173개 회원사로 구성돼 있고, 한국에서는 2014년 4월 뉴스타파가 GIJN회원사로 가입했습니다. GIJN 홈페이지에는 다양한 팩트체크 기법과 가짜뉴스 검증방법이 소개돼 있습니다. 권위를 가장한 가짜 전문가를 식별하는 방법도 그중 하나입니다.

언론이 오보를 내거나 일반인들이 가짜뉴스에 쉽게 속는 이유 중의 하나가 전문가의 권위를 빌어서 가짜뉴스를 포장하기 때문입니다. 사실 여부를 따지려고 전문가의 권위를 믿었다가 오히려 이에 속아버린 셈입니다. 이를 악용하는 경우 가짜 전문가를 내세우거나 실제 전문가의 주장을 왜곡해 전달합니다. 이와 관련된 몇 가지 유형을 살펴볼 수 있습니다.

가장 먼저 사이비 전문가와 싱크탱크입니다. 실제 전문가들은 해당 업계나 전문 커뮤니티에 잘 알려져 있습니다. 그들은 자신의 명성을 지키려 애씁니다. 반면 사이비 전문가는 한 번 나타났다가 사라지는 경우가 많습니다. 그러므로 전문가의 진위를 검증하기 위해서는 그 사람의 이력, SNS 페이지, 웹사이트, 기사, 다른 언론의 평가를 조회해봐야 합니다.

2014년 9월 30일 러시아 신문 베체르냐야 모스크바는 유럽의 안보 협력기구OSCE 전문가로 제시된 라트비아의 정치학자 에이너스 그루딘스와의 인터뷰를 실었습니다. 그런데 그는 OSCE와 아무런 연고도 없었습니다. 이는 라트비아 OSCE의 공식 트위터 계정에서 쉽게 확인됐습니다. 이처럼 우선 관련 기관의 홈페이지에서 이들 전문가를 찾아봅니다. 만약 그가 거기 없다면 그 단체에 직접 연락하는 것이 좋습니다. 가장 쉬운 방법은 트위터나 페이스북 등을 통해서 확인하는 것입니다. 평판이 좋은 단체들은 가짜뉴스에 휘말리고 싶어하지 않기 때문입니다.

그런데도 일부 사이비 전문가들은 언론에 자주 등장합니다. 러시아 NTV는 2018년 3월 3일 블라디미르 푸틴 대통령의 발언으로 불거진 '서방의 폭풍 반응'에 대해 '미국은 더 이상 군사 강국이 아니다'라고 보도했습니다. 이는 미국의 정치분석가로 알려진 다니엘 패트릭 웰치의 발언으로 소개됐습니다.

그런데 인사이더The Insider의 구글 검색 결과, 웰치는 자신을 "작가, 가수, 번역가, 활동가 노래하는 시인"이라 표현한 것으로 밝혀졌습니다. 미국 정치분석가로는 석연치 않습니다. 그런데도 그는 종종 잘 알려지지 않은 온라인 출판물에 정치 관련 기사를 게재했는데, 그는 이런 책에서 미국의 정책을 군국주의적이고 팽창주의적이라고 비판했습니다.

때로는 평판이 좋아 보이는 싱크탱크도 의심스러울 수 있습니다. 브라이언 매포드 애틀랜틱 평의회의 선임 연구원은 글로벌 전략모니터링 센터Centre for Global Strategic Monitoring라는 한 기구에 대해 폭로했습니다. 그 웹사이트에서 매포드를 자기들과 관련된 전문가라고 언급했습니다. 매포드는 자신의 이름을 삭제해 달라고 요청하기 위해 웹사이트를 검색했지만 실패했습니다. 메포드는 "이 센터의 웹사이트는 언뜻 보면 인상적이고 사려 깊은 뉴스와 의견 사이트로 보인다"고 썼습니다. 그런데 이 웹사이트는 신뢰받는 연구기관의 분석과 의견을 아무런 허락 없이 무단으로 게시했습니다. 심지어 홈페이지에는 저명한 싱크탱크 학자들의 이름으로 일부 가짜 기사까지 게재돼 있습니다.

두 번째는 처음부터 가공의 전문가를 동원하는 방식입니다. 때론 특정 정치적 견해를 홍보하거나 의도된 결정을 강조하기 위해 가짜 인물들이 미디어에 전문가로 등장하기도 합니다. 일례로 '선임 펜타곤 러시아 분석가 데이비드 주베르크'는 인기 있는 페이스북 페이지를 유지했고, 우크라이나와 러시아 언론에서 우크라이나와 러시아 관련 주제와 관련된 미국방부 내부 인사로 자주 인용됐습니다. 또 러시아의 많은 저명한 야당 인사들은 종종 존경받는 분석가로 주베르크를 인용하기도 했습니다.

그런데 벨링캣 조사를 통해 주베르크가 미국 금융인 댄 K 라포포트

주변의 미국인들과 연결된 가상의 인물이라는 것이 확인됐습니다. 놀라운 것은 라포포트의 친구와 접촉자들이 이 가짜 인격을 뒷받침하는 데 도움을 줬습니다. 대학 친구의 사진들은 주베르크를 나타내기 위해 사용되었고, 라포포트의 많은 친구들이 주베르크에 대해 실제 사람인 것처럼 쓰기도 했기 때문입니다.

또 다른 예로 '드류 클라우드'가 있는데, 미국 학자금 대출에 관한 선도적인 전문가 중 한 명으로 인용되어 왔습니다. 그 역시 가짜입니다. 클라우드는 언론사에 학자금 대출 관련한 이야기를 전달하고, 이메일로 인터뷰를 하겠다고 제안했습니다. 이를 통해 그는 종종 금융자문 사이트의 초대작가나 인터뷰 대상으로 등장했습니다. 자신이 어떤 대학에 다녔는지 밝히지 않으면서도 그 역시 학자금 대출을 받았다고 말했습니다. 사람들이 학자금 부채에 대한 전문지식을 위해 클라우드에 손을 내밀었을 때, 그는 종종 사람들에게 대출금을 재융자할 것을 제안했습니다. 그렇지만 결국 실존하지 않는 가공인물이라는 사실이 밝혀졌습니다. 그는 학자금 대출 재융자업체가 운영하는 웹사이트 '학자금 대출 보고서'에 의해 만들어진 것입니다.

세 번째는 전문가 진술을 왜곡하거나 거짓으로 속이는 것입니다. 종종 조작자들은 특정 문맥에서 문구를 빼내 전문가가 원래 말하고자 한 의미를 왜곡합니다.

2018년 5월 성교육자 딘 카슨의 텔레비전 출연에 대한 트윗과 블로그 게시물이 소셜 미디어에서 입소문을 탔습니다. 그녀는 "부모가 기저귀를 갈기 전에 아기의 허락을 받아야 한다"고 말한 것으로 알려졌습니다. 사용자들은 그녀의 충고를 맹렬히 비난했습니다.

그러나 팩트체크 사이트 스놉스가 그녀의 진술을 검토한 결과, 그녀는 "그들아이들의 반응이 중요하다"는 것을 가르치기 위해 부모가 아이들에게 기저귀를 갈아주는 것이 괜찮은지 물어볼 수 있다고 말한 것입니다.

때로는 진짜 전문가 의견이 완전히 날조되기도 하는데 이를 검증하려면 해당 전문가가 소속된 싱크탱크나 현장을 방문하면 됩니다. 혹은 그들의 연구, 진술 또는 기사를 분석하면 됩니다. 또 그들이 뉴스에서도 그런 주장이나 연구에 동의하는지 확인해야 합니다.

대표적인 예가 CGS 모니터라는 웹사이트에 실린 '테러 수요 정의의 미국인 피해자' 이야기입니다. 이 기사는 미국과 사우디아라비아 동맹에 대한 공격으로, 브루킹스 연구소의 저명한 중동분석가 브루스 리델이 쓴 것으로 알려졌습니다. 그러나 리델은 자신이 기사를 쓰지 않았음을 확인했습니다.

미국 싱크탱크 애틀랜틱 카운슬Atlantic Council은 이 기사가 영어 원어민이 쓴 것이 아니라는 단서가 많이 있었다고 밝혔습니다. 명사를 부적절하게 배치하고 'a'와 'the' 같은 관사가 자주 없는 것은 러시아 원어민이 영어로 번역했다는 점을 강하게 시사했습니다.

CGS 모니터는 좀 더 교묘하고 전략적으로 브루스 리델이 실제로 쓴 몇 편의 기사를 다시 게재했습니다. 진짜라고 가정할 수 있는 개연성을 만든 것입니다.

마지막은 전문가의 발언을 교묘하게 왜곡해 번역하는 것입니다. 이는 영어에서 다른 언어로 번역할 때 종종 사용됩니다. 이를 가리기 위해서는 원전을 찾아 재전송하여 대항해야 합니다.

독일을 비롯한 서방국가들은 2014년 3월 크림반도를 합병한 러시아에 경제 제재를 가했습니다. 그러나 크렘린은 2017년 10월 26일 크림반도에 대한 독일 대통령 프랑크발터 슈타인마이어의 연설 녹취록 본문을 편집해 '합병'이라는 단어를 바꿔치기했습니다. 러시아어 번역에서는 '합병'이 '재통합'이 되었습니다.

비슷한 '번역의 실수'는 2015년 6월 2일 러시아 통신사 RIA 노보스티가 파이낸셜타임스 블로그를 참고한 기사를 게재하면서 또 벌어졌습니다. 우크라이나 팩트체크 사이트 스톱페이크는 RIA 노보스티가 러시아에 대한 부정적인 언급을 생략하고 왜곡된 번역문을 포함해 합병을 호의적으로 재구성했다고 밝혔습니다.

이처럼 언론이나 인터넷에 자주 등장하는 전문가들이라고 해서 무조건 믿어서는 안됩니다. 지난해 김정은 사망설을 둘러싸고 등장했던 숱한 전문가들, 그리고 코로나19 과정에서 인터넷에 떠돌았던 수많은 전문가의 조언과 전망 가운데 상당수가 사실과 다른 가짜였던 것도 같은 맥락입니다.

숫자와 통계도
가끔 거짓을 말한다

대개 숫자나 통계는 거짓이 없을 것이라고 믿습니다. 그러나 숫자와 통계 역시 다양한 형태로 조작됩니다. GIJN는 사회학적 조사 자료와 경제지표도 조작할 수 있다고 말합니다. 통계를 조작하거나 수치를 통해 속임수를 쓰는 경우는 크게 세 가지로 나눠집니다.

먼저 방법론적 조작입니다. 설문조사는 방법론이 약할 수 있습니다. 예를 들어 2018년 3월 말 러시아 언론은 우크라이나에서 반유대주의가 성장했지만 우크라이나 당국이 '조심스럽게 은폐하고 있다'고 보도했습니다. 러시아의 친 크렘린 사이트 Ukraine.ru는 이스라엘 디아스포라 사무국에서 작성한 72페이지 분량의 보고서를 인용해, 우크라이나 유대인들이 구소련 공화국 전체 유대인보다 더 많은 언어적, 육체적 공격을 경험했다고 밝혔습니다.

하지만 이 보고서는 체계적인 연구에 기초하지 않았습니다. 우크라이나의 외국인 혐오범죄를 감시하는 단체들이 수집한 데이터를 종합적으로 분석하지도 않았습니다. 인용된 출처를 기준으로 보면, 저자들은 정보의 엄격성이나 신뢰성에 관계없이 사건의 기계적인 계산만 했습니다. 예를 들어 집회 중 실제 공공기물 파손과 언어적 모욕 사례를 한꺼번에 집계했습니다.

이 보고서의 가장 큰 문제점은 우크라이나의 반유대주의 사건들이 전년 대비 두 배나 증가했다고 설명한 것입니다. 그런데 감시 단체에 따르면 반유대적인 반달리즘[12]으로 인한 폭력사건이 19명에서 24명으로 소폭만 증가했다고 합니다. 이는 우크라이나에서 10년 이상 증오범죄를 감시해 온 국가소수권감시단이 수집한 공식 수치입니다. 감시단장은 2017년에는 반유대적 폭력 사례가 기록되지 않았고, 2016년에는 단 한 건에 불과했다고 밝혔습니다. 이처럼 보고서를 조금만 더 주의 깊게 살펴보면 상황에 대한 심도 있는 분석이 아니라는 것을 알 수 있습니다.

반유대주의는 우크라이나에 대한 침략을 정당화하기 위해 크렘린이 이용하는 반우크라이나 선전운동의 중요한 요소 중 하나였습니다. 이것이 러시아 선전 매체에 의해 쉽게 받아들여졌습니다. 다른 증거도 있습니다. 미국 퓨리서치센터가 중유럽과 동유럽 18개국을 대상으로 조사한 결과, 우크라이나가 유럽에서 반유대주의적 태도가 가장 낮게 나타났습니다. 그런데도 러시아에서는 이 수준이 거의 3배 이상 높다고 이 문서는 말합니다.

---

12 반달리즘(vandalism 공공의 재산이나 사유 재산을 고의적으로 파괴하거나 해를 끼치는 행위이다. 문화·예술 및 공공 시설을 파괴하는 행위 또는 그러한 경향을 말한다

통계를 통한 속임수에는 왜곡된 해석도 자주 사용됩니다. 선동의 속성 중 하나는 진실한 것처럼 보이려는 것입니다. 그래서 선동주의자들은 종종 왜곡된 조사 결과를 이용합니다.

러시아의 Ukraina.ru는 우크라이나에 대한 피치 레이팅스의 전망에 대한 기사를 발표했는데, 부정적 요소에만 초점을 두고 긍정적 전망은 무시했습니다. 이 사이트는 피치 보고서의 첫 문장만을 인용해, 우크라이나가 아제르바이잔과 나이지리아에 이어 세계에서 세 번째로 큰 지하 경제를 가지고 있다고 주장했습니다.

그런데 피치 보고서의 첫 문장은 다음과 같습니다. "우크라이나의 등급은 취약한 은행 분야, 제도적 제약, 지정학적·정치적 위험 측면에서 약한 외부 유동성, 높은 공공 부채 부담, 구조적 약점을 반영한다." 그런데 곧바로 "이러한 (위기) 요인들에 반해 개선된 정책 신뢰성과 일관성이 균형을 이루고 있다"는 내용이 나옵니다. 보고서는 이를 완전히 무시하고 부정적 요인만 강조한 것입니다. 이러한 잘못된 표현을 반박하는 가장 좋은 방법은 전체 보고서를 찾아 조사하는 것입니다.

Ukraina.ru의 또 다른 교묘한 주장은 대부분 우크라이나인들이 EU로의 무비자 여행에 전혀 관심이 없다는 것입니다. 이 가짜 주장의 출처는 2018년 6월 초 민주주의 이니셔티브 재단이 실시한 여론조사입니다. 질문 중 하나는 'EU 국가의 무비자 체제의 도입이 얼마나 중요한가요?'였습니다. 그 결과 응답자의 10%는 '매우 중요하다'고 대답했고, 29%는 '중요하다', 24%는 '약간 중요하다', 34%는 '중요하지 않다', 4%는 '답하기 어려움'이라고 대답했습니다. 전체적으로 놓고 보면 단지 34%만이 EU 국가로의 무비자 여행이 중요하지 않다고 말했습니다.

그러나 러시아 언론은 '약간 중요'와 "중요하지 않다'를 합해 58%의 수치를 내놓았고, '대부분의 우크라이나인들은 이런 기회에 전혀 관심이 없다'고 주장했습니다. 하지만 '매우 중요', '중요', '약간 중요'라고 대답한 숫자를 더하면 63%가 됩니다. 이는 63%의 우크라이나인들이 비자 무료 여행이 중요하다고 느낀다는 것을 나타냅니다.

마지막으로 통계를 통한 여론조작이나 속임수에는 잘못된 비교도 자주 활용됩니다.

Ukraina.ru는 우크라이나의 식량 가격이 2018년 2월 유럽의 식량 가격과 동등하게 상승했다고 주장하는 기사를 실었습니다. 미콜라 아자로프 전 우크라이나 총리의 페이스북 글을 근거로 한 주장입니다. 아자로프의 주장은 매력적이지만 의문스러운 인포그래픽에 제시된 러시아 국영통신 리아 노보스티RIA Novosti의 데이터를 기반으로 했습니다.

그런데 글로벌 통계사이트 넘베오Numbeo 생활비지수를 보면 우크라이나는 몰도바, 마케도니아, 알바니아와 함께 유럽에서 가장 물가가 싼 나라입니다. 이 사이트는 세계 여러 도시의 식료품 가격을 비교함으로써 우크라이나의 평균 가격은 유럽 수준에 도달하기까지는 갈 길이 멀다는 것을 보여줍니다. 따라서 다른 지표를 고려하지 않고 절대수를 비교하는 것은 옳지 않다고 팩트체크 사이트 스톱페이크가 판단했습니다.

이것만이 아닙니다. 실제 숫자와 사실을 가짜 정보와 구별하려는 노력도 필요합니다. 2015년부터 소셜 미디어를 통해 유포된 캐나다 사례를 보면 캐나다가 연금 수급자보다 난민에 더 많은 돈을 쓴다는 결론이 나온 것으로 보입니다.

그런데 그것은 사실이 아닙니다. 일부 정부 지원 난민들은 캐나다에서 첫 해에 적은 월 일정 금액1인당약800달러을 받고 일회성 정착 수당은 약 900달러입니다. 그들은 또 임대 등을 위해 수백 달러를 대출받을 수도 있습니다. 학교에는 가끔 임산부, 신생아, 어린 아이를 위한 일회성 수당이 있습니다. 하지만 정부가 지원하는 난민들은 캐나다 여행과 초기 의료검사 비용을 이자로 갚아야 합니다. 또 캐나다 망명자들은 영주권자가 될 때까지 사회적 지원을 받지 못합니다. 이 시점에서 그들은 다른 사람들과 마찬가지로 지방사회 원조를 받을 자격이 있습니다. 그러나 여기에도 제한사항이 있습니다. 그들은 보통 약 1년 정도의 후원기간 동안만 개인 후원자들의 재정적인 지원을 받습니다.

이와는 대조적으로 최저소득 계층에 독신이고 노령인 캐나다인들은 보증소득 보조연금과 노령보장연금을 통해 적어도 한 달에 1300달러를 받는다고 정부 웹사이트는 말합니다. 난민들에 대한 지원과 연금수급자들에 대한 지원은 근본적인 차이가 있는 것입니다.

이것만이 아닙니다. 2004년의 한 연구는 대부분 난민들이 캐나다에 도착한 지 7년 이내에 사회적 지원이 아닌 취업을 통해 생계비를 벌어들인다는 것을 보여줍니다. 그들은 때로 비즈니스 계층이나 가족 단위 이민자들보다 더 나은 성과를 거두기도 합니다.

그런데도 ABC뉴스와 스놉스 등 팩트체크 사이트에 따르면, 이러한 거짓 신화는 여전히 지속되고 있으며 호주와 미국에서 다른 버전까지 생겨났다고 합니다.

이처럼 여론 조사나 각종 연구를 읽을 때도 주의해야 할 대목이 많습니다. 특히 데이터 조작에 쉽게 당하지 않기 위해서는 다음의 몇 가지 질문을 던져보는 것이 좋습니다. 예를 들어 ▶**방법론에 대해 설명되어 있습니까** ▶ **질문은 어떻게 작성됩니까** ▶**연령별, 거주지 및 기타 특징에 따라 응답자의 표본은 무엇입니까** ▶**샘플이 통계적으로 괜찮은가요** ▶**연구원의 평판은 어떻습니까** ▶**연구자는 전문가 사회에서 알려져 있나요** ▶**누가 연구비를 지불했나요** 등을 물어보는 것입니다.

이처럼 다양한 질문을 던진 뒤 연구 결과를 다른 데이터 및 소견과 비교하고 대조합니다. 만약 그들이 현저하게 다르다면 그 결과에 의문을 제기해야 합니다.

휴대폰으로
가짜 이미지 찾는 법

휴대폰을 이용한 가짜 이미지 식별법도 참고할 만합니다. 2020년 1월 초 국제팩트체킹네트워크IFCN의 부디렉터인 크리스티나 타르다귈라가 소개한 팁입니다. 당시는 미국과 이란이 군사적으로 충돌하던 때입니다. 이 같은 국가 간 군사적 충돌은 대개 소셜 미디어를 통해 널리 퍼지는 잘못된 이미지와 오래된 비디오에 둘러싸여 있습니다. 잘못된 정보를 피하기 위해 IFCN은 간단한 질문을 하는 것에서부터 휴대전화에서 이미지 역검색을 사용하는 것까지 단계별 가이드를 개발했습니다.

가장 첫 단계는 **간단한 질문을** 던지는 것입니다. 소셜 미디어에 있는 이미지 또는 비디오를 받을 때는 내용에 대해 회의적으로 생각하고, 파일을 보낸 사람에 대해 질문해야 합니다. 질문은 크게 네 가지입니다. **언제, 어디서, 누가, 왜**를 되묻는 것입니다.

우선 사진이 찍힌 시기를 알 수 있는 정보가 있는지, 그렇지 않다면 그것에 대한 어떤 단서라도 있는지 확인해야 합니다. 예를 들어 많은 사람들이 트위터에서 받은 사진이 카셈 솔레이마니 전 이란 사령관의 죽음에 대한 항의 시위 중인 테헤란을 보여준다면, 사람들이 해당 시기 계절에 맞는 옷을 입고 있는지 확인해보면 됩니다.

사진을 찍은 위치를 알 수 있도록 이미지에 정보가 있는지도 따져봐야 합니다. 예를 들어 가게 이름이나 건물, 간판은 어떤지 사진에 있는 언어가 당신이 기대했던 것과 맞는지도 확인해 봅니다.

누가 그 사진을 찍었는지도 생각해야 합니다. 당신 또는 사진을 보낸 사람이 누가 사진을 찍었는지 말해줄 수 있는지 물어봐야 합니다. 만약 그렇지 않다면 출처가 누구인지 자세히 봐야 합니다. 조명은 조작 여부를 확인하는 매우 좋은 단서인데, 가까운 물체가 같은 방식으로 켜져 있는지 확인합니다. 둘 중 하나가 다른 하나보다 더 밝거나 더 어둡게 보이면 그들이 추가되거나 디지털 방식으로 조작되었을 가능성이 높습니다.

내가 왜 지금 이 사진을 받고 있는 것인지도 생각해 봐야 합니다. 앞뒤 맥락을 알고 있는지 확인해야 합니다. 누군가가 어제나 내일이 아니라 오늘 당신에게 사진을 보내거나 소셜 미디어에서 사진을 공유하는 이유를 생각해 봐야 합니다. 가짜뉴스 제작자들은 잘못된 정보를 퍼뜨리고 사람들을 바보로 만들기 위해 뉴스 속보를 이용합니다.

몇 가지 질문을 하고 난 뒤에는 앞에서 소개했던 간단한 도구들을 활용하는 것도 좋습니다. 가령 구글 역방향 이미지 검색 같은 경우입니다.

스마트폰에서 구글 이미지 역검색은 사용하기도 배우기도 쉽습니다.

먼저 확인할 사진을 저장하거나 다운로드합니다. 일반적으로 사진을 저장하는 옵션이 표시될 때까지 화면에서 사진을 누른 상태로 유지합니다. 아니면 확인할 사진의 웹 주소실제 사진의 URL를 복사합니다. 그 다음 이미지검색 페이지images.google.com로 이동합니다. 브라우저 메뉴에서 아래로 스크롤하면서 '데스크 톱 사이트 요청'을 선택합니다.

구글 크롬Google Chrome에서는 화면 오른쪽 상단에 있는 점 세 개를 클릭해 메뉴를 찾을 수 있습니다. 사파리에서는 화면 아래쪽 중앙에 있습니다. 검색 표시줄에서 카메라 아이콘을 누릅니다. 그리고 검색란에 확인할 사진의 URL을 붙여 넣거나, '이미지 업로드' 탭을 선택해 휴대폰에서 이미지를 업로드 합니다. 이후 이미지가 사용된 시기와 위치에 대한 결과를 확인합니다. 충분히 거슬러 올라가 보면 당신은 그것이 원래 어디에서 사용되었는지, 그리고 아마도 사진의 저작권 소유자를 찾을 수 있을 것입니다.

틴아이TinEye도 비슷합니다. 무료 웹사이트인 틴아이는 구글 역방향 이미지 검색과 유사한 방식으로 작동합니다. 가장 오래된 이미지를 기준으로 결과를 필터링하고 검색한 이미지의 이전 버전을 볼 수 있습니다. 이 기능은 사진이 최근에 찍은 것이 아님을 증명하고자 할 때 유용합니다.

러시아 검색엔진인 얀덱스Yandex도 구글이나 틴아이와 비슷한 방식으로 다양한 이미지를 확인해 볼 수 있습니다. 단순한 비교 검색을 넘어 사진이나 동영상의 메타데이터배경정보를 확인하는 것도 중요합니다. 메타데이터에 포함되는 정보는 ▶GPS 위치 ▶촬영 날짜 및 시간

▶카메라 모듈 ▶ISO ▶셔터속도 등이 있습니다.

메타데이터도 여러 유형이 있는데 사진에서 가장 유용한 종류는 EXIF 데이터입니다. '교환 이미지 파일 형식'이라 불리는 EXIF 데이터는 우리가 스마트폰이나 카메라로 찍은 원본 사진에 저장되어 있는 표준 정보입니다. 공식적으로는 JEIDA, JEITA, CIPA 규격에 따라 원본 이미지의 포맷, 장소GPS로 습득되는 경도와 위도 정보로서의 장소, 사운드, 디지털 카메라나 스마트폰 등 촬영장비의 기종과 찍힌 날짜 등의 정보를 담고 있습니다. 다시 말해 언제 사진이 촬영됐는지, 언제 업로드됐는지를 보여줄 뿐 아니라 사용한 단말기와 사진이 촬영된 장소도 보여줍니다. 물론 촬영 당시 위치 서비스가 켜져 있어야 합니다. 더욱 고마운 일은 다양한 EXIF 뷰어는 무료로 제공된다는 점입니다.

하지만 몇 가지 문제점도 있습니다. 우선 동영상에는 EXIF 데이터가 없습니다. 또 종종 소셜 미디어에 올릴 때 메타데이터가 사라지기 때문에 꼭 원본이 필요합니다. 가령 인스타그램 사진을 EXIF 뷰어로 보면 아무 정보도 나오지 않습니다. 그런데 동일한 EXIF 뷰어로 원본 사진을 보면 카메라 유형, 시간, 날짜, 정확한 위치 등이 나옵니다.

그리고 또 한 가지 주의할 점은 메타데이터는 쉽게 수정이 가능하다는 것입니다. 핸드폰에서도 EXIF 데이터를 쉽게 바꿀 수 있습니다. 따라서 사진이나 동영상을 촬영한 단말기에서 바로 원본을 구하는 게 중요합니다. 메타데이터는 검증에 도움이 될 수는 있지만 100% 신뢰할 수는 없다는 점을 반드시 기억해야 합니다.

'동영상 조작'
모든 것을 의심하라

팩트체커FactChecker는 미국 유력 일간지 워싱턴 포스트에서 운영하는 팩트체크 전문 칼럼입니다. 검증된 정치인의 발언을 '피노키오 지수'라는 아이콘으로 표현해 세계적으로 이름을 알렸습니다. 2019년 6월 팩트체커팀이 소개한 조작동영상 검증기법은 생생한 사례를 담고 있어 매우 유용합니다. 팩트체커는 동영상 조작을 맥락 무시, 교묘한 편집, 악의적인 변형 등 크게 세 가지로 구분했습니다.

첫 번째, **맥락 무시**Missing Context입니다. 이는 프레이밍 과정에서 사건의 실제 맥락을 잘못 전달하거나 누락하는 것을 의미합니다. 맥락 무시는 다시 '곡해'와 '짜깁기'로 나뉩니다. **곡해**Misrepresentation는 원본 동영상을 그대로 옮기지만 사실과 다른 설명이나 해석을 곁들여 본질을 왜곡합니다. 원본 영상이 촬영된 날짜나 장소를 잘못 전달하는 것이 대표적인 예입니다.

사례: 곡해

도널드 트럼프 대통령과 맷 게이츠 플로리다주 하원의원공화당 소속은 2018년 중간선거를 앞두고 트윗을 통해 출처 불명의 영상을 공유했습니다. 이들의 주장에 따르면 영상은 온두라스에서 촬영됐고, 몇몇 남성이 여성과 아이들에게 미국에 밀입국하는 데 필요한 돈을 전달하는 장면을 보여줍니다. 하지만 해당 영상은 과테말라에서 촬영된 것으로 드러났고, 남자들이 돈을 전달한 이유는 밝혀진 바 없습니다.

짜깁기Isolation는 영상의 일부만 떼어 게시하는 경우로, 영상 전체 맥락을 반영하지 않은 거짓 내러티브를 생산합니다. 한쪽의 편향된 주장만을 담은 1인칭 시점 비디오도 여기에 포함됩니다.

사례: 짜깁기

미국-이슬람 관계위원회CAIR, Council on American-Islamic Relations 주최 만찬연설에서 '일한 오마르' 미네소타주 하원의원은 "CAIR는 9.11 테러 이후 설립됐는데, 이는 일부 사람들로 인해 우리 '무슬림'의 자유가 훼손되기 시작했음을 인식했기 때문CAIR was founded after 9.11 because they recognized that some people did something and that all of us were starting to lose access to our civil liberties"이라고 주장했습니다. 이 발언은 앞뒤 맥락을 제외한 채로 '짜깁기'돼 SNS에서 공유됐고 숱한 논란을 낳았습니다.

두 번째는 **교묘한 편집**Deceptive Editing입니다. 제3자가 비디오를 임의로 편집 또는 재구성한 경우입니다. 팩트체커팀은 이를 다시 '삭제'와 '이어 붙이기'로 구분한 뒤, 각각의 사례를 들어 설명했습니다.

삭제Omission는 영상의 많은 부분을 삭제한 뒤 마치 원본 전체인 것처럼 소개하는 것입니다.

사례: 삭제

어린 아이들이 다이앤 파인스타인 캘리포니아주 상원의원을 만나 '그린 뉴딜' 정책에 대한 지지를 호소하는 내용이 동영상에 담겼습니다. 환경운동단체Sunrise Movement는 당시 만남의 일부분을 소셜 미디어에 올렸습니다. 영상에서 보여지는 것처럼 대화 초반에 열띤 토론이 벌어진 것은 사실이지만, 원본을 보면 만남이 전반적으로 차분한 분위기 속에서 진행되었음을 확인할 수 있습니다.

이어붙이기Splicing는 각기 다른 비디오 일부분을 잘라내어 합치는 경우를 말합니다.

사례: 이어붙이기

미국의 보수성향 미디어 CRTV는 알렉산드리아 오카시오-코르테즈 뉴욕주 하원의원민주당의 발언 일부를 잘라내 자사 앵커의 질문에 대한 답변처럼 이어 붙였습니다. 해당 영상은 업로드된지 24시간도 안돼 조회수 100만을 기록했습니다. 이후 CRTV는 영상이 풍자였다고 해명했지만 이미 논란이 불거진 뒤였습니다.

마지막 유형은 **악의적인 변형**Malicious Transformation 입니다. 영상의 일부나 전체를 조작해 촬영 내용 자체를 변형한 경우입니다. 팩트체커팀은 이것을 '변조'와 '합성'으로 구분했습니다.

변조Doctoring는 비디오 속도를 조절하거나 화면 일부를 잘라내고, 음성을 덧입히거나 시각정보를 추가 또는 삭제하는 등 영상의 프레임에 손을 대는 경우입니다.

사례: 변조

2019년 낸시 팰로시 하원의장의 발언이 담긴 동영상이 SNS에서 화제가 됐는데, 마치 술에 취해 어눌하게 말하는 것처럼 악의적으로 변조된 영상이었습니다. 복잡한 조작도 아닙니다. 의도적으로 정상보다 느리게 편집한 것입니다. 그런데도 조회수는 수백만에 달했습니다. 영상을 공유한 사람 가운데는 트럼프 대통령도 포함돼 있었습니다. 특정 정치인의 평판을 훼손하기 위한 정치적인 의도를 갖고 유포한 것입니다.

합성Fabrication은 최신 인공지능 기술을 이용해 특정 인물의 얼굴이나 신체부위를 다른 영상 속 인물의 것과 정교하게 결합하는 기법을 의미합니다. 딥페이크를 비롯한 영상편집물이 대표적인 예입니다.

사례: 합성

마크 저커버그 페이스북 CEO가 스스로를 "도난당한 수십억 인구의 개인정보를 좌지우지하는 사람one man, with total control over billions of people's stolen data" 이라고 소개한 영상입니다. 저커버그의 얼굴 사진을 영상에 합성하고 대역배우의 음성과 싱크가 맞게끔 조정했습니다. 팩트체커팀은 같은 방식으로 세계적 팩트체커인 글렌케슬러 모습에 같은 팀 여성 팩트체커와 합성한 영상을 소개하기도 했습니다.

해외 사례로 알아보는 검증팁

구글 어스로 폭발 위치를 찾아라

2016년 1월 12일 이스탄불의 술타나멧 광장에서 폭발이 일어났다는 뉴스가 보도됐습니다. 곧바로 폭발 사진이 소셜 미디어에 올라오기 시작했습니다. 검색해 보니 한 장의 사진이 폭발 장소를 보여주는 듯합니다. 구글 어스를 사용해 이 건물의 위치를 찾을 수 있었습니다. 이 트윗은 술타나멧 광장을 언급했고, 이곳에서부터 검색을 시작했습니다.

그런데 스트리트 뷰로 지역을 조사해 보니 뭔가 잘못된 것 같습니다. 지형이 전혀 일치하지 않습니다. 화재가 난 건물은 고속도로 옆에 있는데, 검색한 위치 주변으로는 고속도로가 전혀 보이지 않습니다. 만약 화재 건물이 술타나멧 광장에 없다면 어디 있는 걸까. 소셜 미디어에 '화재'와 '이스탄불'을 검색하자 많은 이미지가 검색됐습니다. 귈수유Gulsuyu 지하철역 표지판, 이 사진이 첫 번째 단서입니다.

이스탄불 대중교통 지도를 살펴보니 실제 이 역이 있습니다. '쾰수유', '지하철', '이스탄불'을 함께 검색해 봅니다. 지하철역의 정확한 좌표가 나옵니다. 스트리트 뷰로 화재 건물이 위치한 곳임을 확인할 수 있습니다. 그럼 맨 처음 사진에 올라온 건물은 폭발 지역으로부터 17㎞ 떨어진 곳이므로, 이번 폭발 기사에 사용하면 안 됩니다.

참고로 구글 어스에서 특정 위치를 탐색하려면 노란 핀을 지도로 드래그하면 됩니다. 스트리트 뷰를 사용하면 주변 지역을 고화질 사진으로 볼 수 있습니다. 파란 선 이외의 지역에 사람 아이콘을 드래그하면 지면 기준 이미지만 볼 수 있습니다. 그 외에 빌딩 3D 이미지 보기 옵션을 선택하면 주요 지형지물인 랜드마크 보기가 가능합니다. 3D 옵션을 사용하려면 이 레이어를 선택하면 됩니다.

다른 각도나 세부사항을 보려면 다른 사람들이 공유한 사진을 보면 됩니다. 또 사이드바에서 사진을 선택하면 사진이 있는 위치에 아이콘이 뜹니다. 파란색 아이콘은 보통 사진을 보여줍니다. 빨간색 아이콘은 360도 사진입니다. 간혹 랜드마크도 보이지 않고 사진이 적은 외딴 지역에서는 지형Terrain 레이어를 선택하면 됩니다. 지표면의 고도를 포함한 상세 지형 정보를 표시해줍니다.

동영상 촬영자를 찾아라

동영상을 직접 촬영한 사람을 찾으면 사건이 발생한 맥락도 알아낼 수 있고, 영상 사용에 관한 허락도 받을 수 있습니다. 이 단계를 거치지 않으면 법적으로 문제가 될 수도 있습니다. 일례로 국제형사재판소 수사관은 인권침해 혐의 영상을 촬영한 사람을 찾아내기 위해 코트디부아르까지 갔습니다.

많은 경우 컴퓨터를 통해 촬영자에 대해 더 많은 정보를 확인할 수 있습니다. 소셜 미디어를 사용하는 사람들은 인터넷에 디지털 흔적을 자주 남기기 때문입니다. 달라스 경찰에 대한 공격을 페이스북에 실시간으로 스트리밍한 마이클 보티스타처럼 말입니다. 라이브 스트리밍은 조작하기가 매우 어렵습니다. 이 동영상은 보티스타의 프로필과도 맞아떨어졌고, 페이스북에 그의 전화번호가 있었기 때문에 기자들이 그를 인터뷰해 무슨 일이 있었는지 정확히 취재할 수 있었습니다.

허리케인 하비 당시 홍수가 난 텍사스 지역에서 찍힌 동영상은 출처를 찾기가 좀 더 힘들었습니다. 유튜브에는 엘렌 지머만에 관한 개인정보가 없었습니다. 하지만 그녀의 프로필 사진을 역추적 검색하니 웹사이트 링크를 발견할 수 있었습니다. 후이즈닷컴whois.com을 통해 누가 웹사이트를 등록했는지 알아냈고, 그녀에게 연락할 수 있었습니다.

하지만 간혹 출처를 찾아내기 매우 힘든 경우도 있습니다. 보스턴 마라톤 테러를 담은 영상은 전 세계 수백만명의 사람들에게 방송됐습니다. 방송사들은 구글 스트리트 뷰로 위치를 확인해 폭탄테러 영상이 맞다고 확인했지만, 영상 이용을 허락받은 방송사는 없었습니다. 익명의 유튜브 계정에 올라온 동영상이었는데 계정 주인에 관한 정보는 하나도 없었습니다. 하지만 소셜 미디어 게시물은 고유 ID 코드를 갖고 있기 때문에 이를 이용해 트위터 검색을 한 결과 비슷한 아이디로 같은 영상이 공유된 것이 검색됐습니다. 구글에서 유사한 아이디를 여럿 검색하다가 핀터레스트 계정을 하나 발견했습니다. 그것은 뉴욕주 볼스턴 스파에 사는 여성의 페이스북 페이지에 연결되어 있었습니다. 마라톤 등록자들의 이름을 찾아보니 같은 성을 가진 뉴욕에 사는 40대 여성이 있었습니다. 결국엔 미국 배경조사기업인 스포키오 Spokeo를 통해 그녀의 전화번호를 찾을 수 있었습니다.

사진 조작을 밝혀라

어떤 목적에서든 사람들이 일부러 이미지를 조작했을 수도 있다는 사실을 기억해야 합니다. 정치적이든, 상업적이든, 또는 그저 한번 속여 보기 위해서든 말입니다. 이미지를 조작하는 방법은 많습니다.

허위 사진을 만드는 방법 중 하나는 이미지 '자르기'입니다. 중요한 일부를 잘라내는 것입니다. 이를테면 예시와 같이 군인이 길거리에서 어린아이에게 총을 겨누고 있는 사진입니다. 하지만 사실 이 사진은 2009년 바레인에서 촬영된 길거리 공연입니다. 잠깐만 시간을 내서 역추적

Source: elderofziyon.blogspot.com

Source: elderofziyon.blogspot.com

이미지 검색을 하면 바로 잘리지 않은 원본 사진을 찾았을 것입니다.

표준비율이나 사이즈가 아닌 이미지는 잘 살펴봐야 합니다. 사진은 대부분 4대3 비율이고 동영상은 16대9 비율입니다. 이 외의 사이즈의 사진이나 동영상은 확실히 조사하는 게 좋습니다. 공유한 사람이 뭔가 보여주고 싶지 않은 부분을 잘라냈을 수도 있습니다.

또 하나 주의깊게 봐야 할 점은 두 개 이상의 이미지를 합성했는지입니다. 아래는 2004년 대통령 후보자였던 존 케리에 대한 신뢰를 떨어뜨리기 위해 공개된 사진입니다. 젊은 시절 제인 폰다와 함께 반전 시위에서 연설을 하는 모습입니다. 하지만 이 사진은 두 개의 다른 행사에서 촬영된 사진을 합성한 것이었고, 원본 사진을 촬영한 사진가인

켄 라이트가 네가티브 필름을 공개하고 나서야 합성사진임이 밝혀졌습니다. 하지만 이미 많은 유명 매체가 이 사진을 게재한 뒤였습니다. 심지어 뉴욕타임스까지도 말입니다. 이렇게 잘 조작된 사진들은 알아채기가 매우 어렵습니다.

특정 조건에서의 고해상도 사진에서만 가능한 방법이지만, 또 다른 조작사진을 알아채는 방법은 사람들 눈에 반사된 빛을 보는 것입니다. '정반사 하이라이트'라고 부릅니다. 같은 시각, 같은 장소에 있는 사람들의 눈은 비슷한 식으로 빛을 반사합니다. 눈의 하이라이트가 다르면 다른 사진을 합성했다는 증거가 됩니다.

국내 사례로 보는
검증 팁

지금까지 온라인 허위 정보나 가짜뉴스의 기원과 위험성 그리고 특징 등 이모저모에 대해 알아봤습니다. 뿐만 아니라 세계 여러 나라 팩트체커들이나 검증 전문가들이 조언하는 가짜뉴스 예방 팁도 함께 살펴봤습니다. 지금부터는 익숙한 국내 사례와 북한 관련 정보에 대해 실제로 검증을 해보도록 하겠습니다.

웨이백머신

앞에서 웨이백머신은 거대한 디지털 도서관이라고 설명했습니다. 지금은 찾아보기 힘든 옛날 디지털 기록들을 확인할 수 있다는 점이 특히 유용합니다. 그럼 간단한 예를 들어보겠습니다. 웨이백머신 홈페이지archive.org/web에 접속합니다. 다음과 같은 메인 페이지가 보입니다. 설립 25주년을 기념하는 로고가 보입니다. 페이지 상단에 보면 웹페이지, 북, 비디오, 오디오, 소프트웨어, 이미지 등 다양한 섹션이 있어 찾

웨이백머신에서 검색해본 청와대 홈페이지

고자 하는 용도에 따라 활용할 수 있습니다.

사용법은 아주 간단합니다. 검색창에 찾고자 하는 웹페이지의 URL을 입력하면 됩니다. 청와대의 초기화면과 현재의 화면을 찾아보도록 하겠습니다. 가령 청와대의 영어식 표기인 'bluehouse'를 넣으면 다양한 블루하우스 웹페이지가 검색됩니다. 그러면 국내외에서 블루하우스를 URL 주소로 사용하는 다양한 웹페이지를 확인할 수 있습니다. 이 가운데 한글로 청와대 표시가 있는 웹페이지를 찾으면 됩니다.

첫 번째 버전은 1996년 10월 19일자입니다. 웹페이지의 변천 기록도 찾아볼 수 있습니다. 2000년대엔 청와대의 URL이 'bluehouse'에서 청와대 첫음인 CWD로 바뀌었고, 현재는 프레지던트라는 주소를 쓰고 있는 것도 확인 가능합니다(www.president.go.kr).

영상과 이미지 검증

앞에서 자주 등장했던 것 가운데 이미지 역검색이 있습니다. 이미지 역검색을 하면 원본 이미지를 찾거나 이미지가 최초에 등장했던 시기를 추정할 수 있습니다. 이미지 역검색에 사용되는 도구로는 구글, 빙, 얀덱스, 틴아이, 리브아이 등 다양합니다.

어떤 것도 상관없지만 구글 크롬이나 네이버 웨일 등의 확장자에 리브아이를 설치해 두면 나머지 이미지 역검색 툴을 함께 사용할 수 있어 편리합니다. 사진에서 보는 것처럼 크롬에서 우측 상단에 설치돼 있는 리브아이 확장자를 클릭하면 구글, 빙, 얀덱스, 틴아이까지 모두 포함한다는 것을 알 수 있습니다. 이를 활용해 몇 가지 검증을 해 보겠습니다.

한때 북한 김정은 국무위원장이 플로피 디스크를 들고 있는 조작된 사진이 온라인에 떠돈 적이 있습니다. 최고 지도자가 아직도 플로피 디스크를 쓰는 모습으로 북한이 시대에 뒤떨어지는 나라임을 묘사하는 이미지였습니다. 그런데 이 사진을 틴아이를 이용해 검색해보니 아래같이 1878개의 유사한 이미지가 나타났습니다. 이를 가장 오래된 순서대로 재정렬해보니 가장 오래된 사진은 2012년 5월에 나온 것을 알 수 있습니다. 그리고 그것은 플로피 디스크가 아니라 당원증을 들고 있는 모습입니다. 그것이 플로피 디스크로 조작돼 온라인에 광범위하게 유통된 것입니다.

그럼 플로피 디스크를 들고 있는 사진이 진짜 조작된 것인지도 한번 검증해 보겠습니다.

이를 위해서 포렌식이라는 툴을 사용합니다. 별도의 포렌식 툴을 사용해도 되고 앞에서 언급했던 인비드 프로그램을 사용해도 됩니다. 인비드 홈페이지 우측 상단에 보면 툴스 앤 서비스를 누르면 아래처럼 검

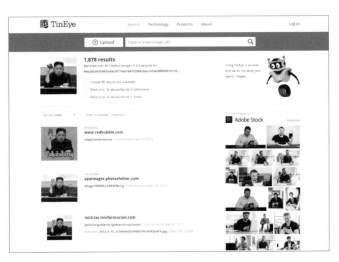

리브아이 검색 툴의 확장자

증을 위한 전용창을 크롬 확장자에 추가할 수 있도록 돼 있습니다. 이를 통해 크롬이나 네이버 웨일에 확장자를 추가한 뒤 이를 클릭하면 아래처럼 검증을 위한 전용창이 열립니다.

검증 툴에는 사진이나 영상을 검증할 수 있는 다양한 장치들이 있습니다. 여기에서 포렌식 아이콘을 클릭하면 사진의 주소나 파일을 올릴 수 있는 창이 열립니다. 여기에 분석하고자 하는 이미지를 넣으면 됩니다.

인비드 검색툴 홈페이지 & 검색도구들

김정은의 플로피 디스크 사진과 당원증 사진을 넣어서 비교해 봤습니다. 좌측의 당원증 사진과 플로피 디스크로 조작한 사진을 보면 플로피 디스크 쪽에 이런 저런 디지털 흔적이 남아 있음을 알 수 있습니다.

인비드 검색툴을 이용한 검증 사례

또 다른 사례를 들어보겠습니다. 김정은 사망설이 떠돌던 2020년 4월 당시 온라인에 유포됐던 조작영상입니다. 이 영상을 프레임별로 나눠서 살펴본 뒤 조작 가능성이 높아 보이는 이미지를 캡처해 포렌식을 해봤습니다. 북한 군인들이 들고 있는 꽃바구니에 달린 리본의 이름 부분에 디지털 흔적이 엿보입니다. 영상이 원본이 아니라서 선명하지 않은 한계가 있지만 분명한 조작의 흔적을 보여줍니다.

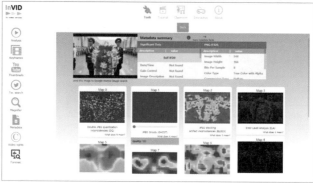

인비드 검색툴을 이용한 검증 사례

만약 영상의 URL이 있는 경우에는 영상의 출처나 관련 정보를 좀 더 쉽게 확인할 수 있습니다. '앰네스티 유튜브 데이터 뷰어'를 활용해도 되고, 인비드의 영상 맥락검증을 활용해도 됩니다. 가령 2020년 김정은 사망설 관련 영상의 진위를 검증했던 JTBC 방송영상을 인비드로 맥락검증을 하면 다음과 같은 상세 정보를 확인할 수 있습니다.

인비드의 영상 맥락 검증 사례

이처럼 영상에 대한 기본정보는 물론이고 화면 아래쪽에 보면 영상의 대표 이미지인 썸네일과 이를 이미지 역검색할 수 있는 도구들이 함께 제시돼 있어 편리하게 활용할 수 있습니다.

또 다른 사례도 하나 살펴보겠습니다. 코로나19가 한창이던 당시 팩트체커들의 커뮤니티에 한 영상에 대한 사실 검증을 요청하는 메일이 올라왔습니다. 코로나 발원지인 중국에서 코로나가 종식되면서 상서로운 기운의 용이 승천하는 모습이 포착됐다는 것인데요. 이 영상은 다른 팩트체커들에 의해 조작된 것임이 금새 드러났습니다. 저는 그 영상을 마찬가지 방법으로 일부 장면을 캡처한 뒤 이를 인비드 툴로 포렌식을 실시해봤습니다. 결과는 다음과 같습니다. 이미지에서 용이 있는 부분만 전혀 다른 디지털 흔적이 남아 있습니다.

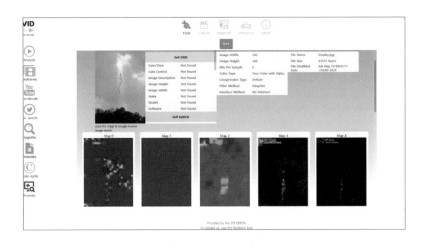

항공기 추적 툴 해보기

항공기 추적을 위한 검증 툴도 흥미로운 도구입니다. 다양한 사이트와 툴을 있는데, 저는 에이디에스비익스체인지www.adsbexchange.com 사이트를 활용해서 2021년 8월 14일 현재 한반도에 어떤 항공기들이 얼마나 많이 운행하고 있는지를 확인해 봤습니다.

사이트를 열어서 지도를 한반도에 맞춰보면 실시간으로 얼마나 많은 비행기들이 오가고 있는지를 확인할 수 있습니다. 여기에는 전체 항공기 대수가 나와 있고 지도에 표시된 항공기가 얼마나 되는지를 보여줍니다.

사진을 보면 전체 5,000여대의 항공기 가운데 지도에 실시간으로 표시된 항공기가 43대임을 알 수 있습니다. 이렇게 지도 위에 표시된 항공기의 이미지를 누르면 좌측에 표시된 것처럼 항공기에 대한 상세정보를 확인할 수도 있습니다. 또한 라이브 맵에는 필터기능을 통해 군용기만 따로 표시할 수도 있습니다. 우측의 메뉴에서 필터 탭을 누른 다음 '군사'를 누른 다음 필터사용을 누르면 지도에 군용기만 표시되는 방식입니다. 사진을 보면 미군의 BE20 타입의 항공기 CNV7562 임을 알 수 있습니다.

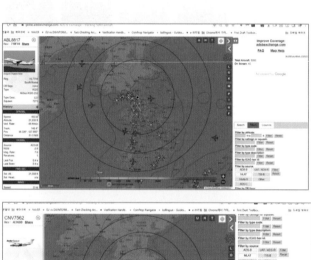

6.
미디어 리터러시와 디지털 면역력

미디어 리터러시와
디지털 면역력

가짜뉴스 문제는 디지털 기기 사용이나 미디어에 대한 올바른 이해와
도 밀접한 관계가 있습니다. 뉴스를 읽으면서도 의미하는 바를 제대로
이해하지 못한다면 허위 정보를 곧이곧대로 받아들이는 것과 다를 바
없습니다. 특히 디지털 기기가 빠른 속도로 발전하고 소셜 미디어가 광
범위하게 확산되면서 제대로 '읽고' '이해하고' '사용하는' 능력이 매우
중요해졌습니다. 이것이 바로 최근에 관심을 한몸에 받고 있는 리터러
시입니다. 리터러시literacy를 직역하면 '문해력'인데 두 단어 모두 쉽게
이해되는 용어는 아닌 듯합니다. 문해력文解力이란 한자어를 풀어보면
'글을 읽고 이해하는 능력'으로 풀이됩니다.

그런데 최근에 자주 등장하는 '미디어 리터러시'나 '디지털 리터러시'
등은 단순히 읽고 이해하는 수준을 넘어서 제대로 사용하는 의미까지
포함합니다. 온라인 허위 정보 즉 가짜뉴스에 맞서기 위한 면역력을 기
르기 위해 리터러시 능력을 키워야 한다는 주장이 제기되는 것도 이런

이유에서입니다. 팩트체크가 가짜뉴스에 대항하기 위한 언론의 역할을 강조하는 측면이 있다면, 미디어 리터러시는 민주시민이 기본적으로 갖춰야 할 지식과 역량, 나아가 가치 철학까지 아우르는 의미라 하겠습니다. 한국언론진흥재단에는 '미디어 리터러시' 전문 SNS를 마련해 다양한 정보와 소식을 전하고 있습니다. 페이스북에 별도 페이지를 두고 있을 뿐 아니라 독자적인 블로그도 운영하고 있습니다. 이를 활용하면 기본적인 개념에 대한 이해부터 실제로 활용할 수 있는 다양한 팁과 정보를 얻을 수 있습니다.

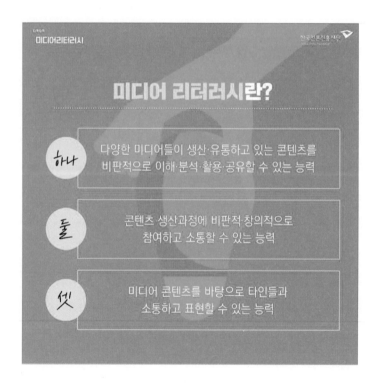

'리터러시 공포'의 실상

올해 초 EBS에서 방송한 문해력 관련 시리즈가 장안의 화제가 됐습니다. 이 방송의 기본 바탕에는 한국 청소년들의 문해력이 심각한 수준이라는 문제의식이 깔려 있었고, 이를 입증할 만한 통계수치 등이 구체적으로 제시됐습니다. 일례로 중학생 2400명을 대상으로 한 문해력 조사에서 27%가 또래의 수준에 미치지 못했고, 초등 수준 정도밖에 안 된 학생들도 11%나 됐습니다. 뒤집어 말하면 초등 수준의 학생들에게 중학생 공부를 시키고 있으니까 제대로 따라갈 수 없는 것은 너무 당연하고 공부 자체를 포기하는 수순으로 가게 된다는 의미입니다. 그런데 이 방송에서만 경고가 나온 것은 아닙니다.

경제협력개발기구OECD 국제학업성취도평가PISA에서 한국 청소년들의 디지털 리터러시 디지털 정보 문해력 능력이 상당히 낮은 수준으로 드러났습니다. 또 학교에서 인터넷 정보의 편향성 여부를 판단하는 교육을 받은 비율도 OECD 평균보다 낮은 것으로 나타났습니다.

문해력이 낮은데 교육까지 부족하다면 앞으로 다가올 미래가 너무 암담하다는 것입니다.

OECD가 발표한 〈피사 PISA 21세기 독자: 디지털 세상에서의 문해력 개발〉 보고서에 따르면 한국의 만 15살 학생중3·고1들은 사기성 전자우편(피싱 메일)을 식별하는 역량 평가에서 OECD 국가들 중 가장 낮은 수준을 기록했습니다. 이 평가에서 덴마크·캐나다·일본·네덜란드·영국 학생들이 가장 높은 수준을 보였고, 한국은 멕시코·브라질·콜롬비아·헝가리 등과 함께 최하위 집단으로 분류됐습니다.

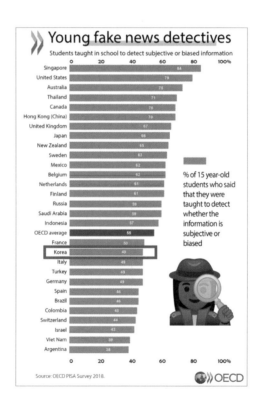

한국 학생들은 주어진 문장에서 사실Fact과 의견Opinion을 식별하는 능력도 최하위를 기록했습니다. OECD 회원국 평균 식별률이 47%인데, 한국 학생들은 25.6%에 그쳤습니다.

더욱 우려스러운 것은 관련 내용을 배웠는지 여부입니다. "정보가 주관적이거나 편향적인지를 식별하는 방법에 대해 교육을 받았는가"를 묻는 조사에서 한국은 폴란드·이탈리아·그리스·브라질 등과 함께 평균 이하의 그룹에 속했습니다.

OECD 회원국 평균은 54%인데 비해 한국은 49%로 평균보다 낮았습니다. 특히 오스트레일리아·캐나다·덴마크·미국 등에서는 70% 이상의 학생들이 정보가 편향돼 있는지를 판단하는 교육을 받았다고 응답해 우리와는 상당한 격차를 보였습니다.

그렇다면 이런 몇몇 지표들을 근거로 한국 청소년의 문해력이 OECD 최하 수준이라고 해야 할까요. 반드시 그렇지는 않습니다.

이번 보고서는 OECD가 만 15세 학생들을 대상으로 3년마다 실시하는 2018년 피사 결과에서 디지털 리터러시 관련 내용을 분석해 만들어진 자료입니다. 그런데 읽기 능력 평가에 중점을 두고 진행된 2018년 피사에서 한국은 읽기 영역 점수가 OECD 평균487점보다 높은 514점으로 상위권37개국 중 5위을 기록했습니다.

다만 걱정되는 대목은 추세입니다. 한국 학생들의 문해력은 2006년 피사 조사에서 556점으로 조사 대상국 중 1위였습니다. 이후 12년간 조사 때마다 점수와 순위가 함께 하락하고 있는 추세며 2018년 조사에서는 6위로 떨어졌습니다. 여기에 이번 발표에서는 디지털 문해력이 매우 낮고, 관련 교육도 제대로 받지 못하는 것으로 드러난 것입니다.

그렇다면 성인들은 어떨까요.

2018년의 국제성인역량조사 PIAAC를 보면 한국 성인들의 문해력은 OECD 평균인 266점보다 높은 273점이었습니다. 그중에서도 16~24세 그룹은 세계에서 4번째, 25~34세 그룹은 5번째로 문해력이 좋은 것으로 나타났습니다. 그러다가 35~44세에는 평균 아래, 45세 이후에는 하위권, 55~65세에는 최하위권으로 떨어졌습니다. 연령대가 높아질수록 문해력이 떨어지는 것은 세계적인 추세이지만 우리나라의 경우 그 폭이 급격하다는 점이 우려스럽습니다.

OECD는 보고서에서 "인터넷 덕분에 누구나 언론인이나 발행인이 될 수 있지만, 정보의 참과 거짓을 명확하게 구분하기 어려워졌다"며 "21세기의 문해력은 지식을 스스로 구축하고 검증하는 능력"이라고 밝혔습니다. 또 "정보가 많아질수록 독자들은 불명확함을 탐색하고 관점을 검증하는 방법이 중요해진다"고 지적했습니다. 충분히 귀담아들을 만한 내용이라 생각됩니다.

많은 전문가들은 문해력 저하가 독서 부족과 밀접한 관계가 있다고 충고합니다. 독서를 통해 문해력을 높일 수 있는데, '디지털 읽기'에 지나치게 익숙해지면서 문해력이 낮아진다는 것입니다. 실제로 UN에 따르면 2015년 한국인 독서량은 192개국 중 166위였고, 성인의 25%는 1년에 단 한 권의 책도 읽지 않는 것으로 조사됐습니다.

문해력 저하에 대한 과도한 불안이나 공포보다는 일상생활 속에서 어떻게 독서 습관을 들이고 독서량을 늘려갈지 고민해야 할 것 같습니다.

리터러시란
무엇인가

문해력리터러시에 대한 사회적 관심이 커지고 있지만 그 의미와 개념에 대해서는 학자들에 따라 차이가 날 뿐만 아니라 용어 자체도 혼용되고 있습니다. 더구나 미디어 리터러시, 디지털 리터러시, 미디어정보 리터러시 등 리터러시 앞에 수식어가 다양하게 붙으면서 더욱 혼란을 부채질하고 있는 듯합니다. 대표적인 개념 몇 가지만 살펴보겠습니다.

위키백과에 따르면 미디어 리터러시 Media literacy 는 사람들이 미디어에 접근하고 비평하고 창조하거나 조작할 수 있도록 하는 관습들을 아우릅니다. 당연히 미디어 리터러시는 한 매체에만 국한되는 것이 아닙니다. 미국의 미디어리터러시교육협회 National Association for Media Literacy Education 는 미디어 리터러시를 모든 유형의 소통을 사용해 접근, 분석, 평가, 제작, 행동하는 능력으로 정의했습니다.

그렇다면 디지털 리터러시와는 어떤 차이가 있을까요.

위키백과에 따르면 디지털 리터러시 Digital literacy 는 디지털 플랫폼의 다양한 미디어를 접하면서 명확한 정보를 찾고, 평가하고, 조합하는 개인의 능력을 뜻합니다. 디지털 리터러시는 처음에는 컴퓨터를 활용하는 기술을 가르치는 데 초점이 맞춰졌지만 인터넷의 발달과 모바일 기기의 출현, 그리고 소셜 미디어의 확장으로 단순히 기기를 사용하는 방법만이 아니라 정보를 다루고 가공하는 일까지 범위를 확장하게 되었습니다.

디지털 리터러시라는 개념은 폴 길스터가 자신의 책에서 처음 사용한 것으로 길스터는 이를 '컴퓨터를 통해 다양한 출처로부터 찾아낸 여러 가지 형태의 정보를 이해하고 자신의 목적에 맞는 새로운 정보로 조합해 냄으로써 올바로 사용하는 능력'으로 정의했습니다.

그후 20여 년 동안 디지털 리터러시는 미디어와 기술 발달에 따라 시각 리터러시, 컴퓨터 리터러시, 멀티미디어 리터러시, 정보 리터러시 등으로 분화되어왔습니다.

또 다른 개념도 있습니다. 유네스코UNESCO는 미디어 리터러시와 정보 리터러시를 융합한 개념의 미디어 정보 리터러시MIL, Media and Information Literacy라는 개념을 도입했습니다. 유네스코는 MIL을 '시민들이 개인적, 전문적, 사회적 활동에 참가하고 참여하기 위하여, 다양한 도구를 사용하여 중요하고 윤리적이며 효과적인 방법으로 모든 형식의 정보 및 미디어 콘텐츠에 접근하고 검색하고 이해하고 평가하고 사용하고 창작하고 공유할 수 있도록 하는 역량 집합'으로 정의했습니다. 조금 복잡해 보이지만 핵심은 단순히 읽고 이해하는 것에 그치는 것이 아니라 이해-평가-사용-창작-공유까지 아우르는 것이라는 점입니다. 따라서 여기에는 정보 리터러시, 미디어 리터러시, 디지털 리터러시가 모두 포함됩니다. 그동안 각각의 차이에 따라 달리 쓰이던 것을 달라진 미디어, 디지털 환경에 맞게 통합한 것으로 보입니다. 국내에서도 이런 저런 용어들이 혼용되고 있지만 미디어 리터러시라는 용어 안에 디지털 리터러시와 정보 리터러시를 포함해 사용하는 경향이 짙은 것 같습니다.

디지털 리터러시를 높이는
검색 전략 6가지

디지털 리터러시도 학습이나 훈련을 통해 강화할 수 있습니다. 타고나기보다는 후천적으로 길러진다는 것입니다. 그런 측면에서 오랫동안 관련 분야에서 일해 온 영국의 정보검색 전문가 레슬리 스테빈스가 영국 도서관협회 CILIP 블로그에 게시한 효과적인 정보검색 전략은 도움이 될 만한 내용이 많습니다.

스테빈스는 전략을 소개하기에 앞서 하버드에서 열린 발표회에 참석했을 때의 이야기를 들려줬습니다. 석학 두 사람이 발표를 한 뒤 대형화면을 통해 참석자들의 질문 목록이 실시간으로 뜨고 있었는데 그중 하나가 "이 주제에 대해 더 알려면 어떤 자료를 참조해야 합니까?"라는 것이었다고 합니다. 그런데 발표자들이 내놓은 답변은 "구글에서 찾아보시면 될 걸요?"라는 것이었다고 합니다. 구글의 방대한 자료와 검색력이 높이 평가받고 있지만 세계적 석학의 입에서 나온 답변이 이

정도라면 문제가 크다는 것입니다.[13]

그는 인터넷 유저들이 지나치게 구글에 의존하며, 검색한 자료 가운데 조회수가 가장 많은 5개를 가장 신뢰할 만한 정보로 꼽았다는 연구 결과를 언급하면서 높은 조회수가 신뢰성을 담보하는 것은 아니라고 충고했습니다.

그래서 스테빈스는 우선 스스로에 대해서도 재평가를 했습니다. 관심 있는 주제를 몇 개 선정한 뒤(가령 레드 와인이 건강에 도움이 되는지, 개에 공감능력이 있는지 등) 관련 정보를 검색하고 하나씩 검증하는 방식이었습니다. 놀라운 결과가 나왔습니다. 그는 강단에서 미디어 리터러시를 가르친 지 20년 가까이 된 최고 전문가 중의 한 명이었지만 모르는 개념이 이렇게 많이 나올 줄 상상조차 못했다고 합니다. 이처럼 다양한 연구와 자기성찰을 기반으로 책도 냈는데 이를 압축적으로 소개한 것이 바로 효과적인 검색을 위한 핵심전략 6가지입니다.

스테빈스가 소개한 첫 번째 전략은 **신뢰할 만한 출처**를 찾는 것입니다. 시작이 반입니다. 그런데 아무렇게나 시작해서는 안 됩니다. 제대로 시작을 했을 때 얘기입니다. 바꿔 말하면 검색할 때 맨 위에 뜨는 링크만 참조할 게 아니라는 얘기입니다. 그래서 발상의 전환이 필요합니다. 가령 정보를 먼저 찾고 출처를 추적하는 게 아니라, 정보를 얻을 소스를 먼저 찾고 그 다음에 검색하는 방식입니다. 신뢰할 만한 소스를 먼저 정해 놓고 시작하면 이미 절반은 성공했다고 보면 됩니다. 구글

---

13 기사 인용. www.newstof.com/news/articleView.html?idxno=1793&fbclid=IwAR0IqL2U7LOQ9ZUxLkf7wV
BAxqIS0ihfC5M3DEm2RUiomzvQoVgdQZlYTzQ

검색 대신 구글 학술 검색을 이용하는 것도 한 예입니다. 클릭 한 번으로 할 수 있습니다.

두 번째 전략은 **심리적 장애물**을 극복하는 것입니다. 최적의 검색 전략을 고민하면 할수록 올바른 검색을 방해하는 심리적 장애물이 많다는 사실을 깨닫게 됩니다. 개인의 신념과 성향뿐 아니라 여러 가지 외부 요인에 의해 수집한 자료의 성격이 달라집니다. 본인이 사고하는 경향을 객관적으로 파악한 뒤 거기에 맞춰 검색 방법을 정해야 허위 정보로부터 자유로울 수 있습니다.

실제로 오늘날 정보 휴리스틱신속하고 즉흥적인 의사 결정 방법론에 관한 연구결과는 검색자의 심리 상태에 의해 정보 검색 결과가 크게 달라질 수 있음을 보여줍니다. 정보 휴리스틱은 시간이나 정보가 불충분한 상황에서 검색을 할 때 뇌가 선택하는 일종의 '지름길'입니다. 대표적인 예로 다수 견해에 편승하는 '밴드웨건Bandwagon' 심리가 있습니다. 휴리스틱은 양날의 검과 같습니다. 정보를 찾는 데 드는 정신적 노력을 줄여주지만 판단 과정에서 편향과 오류를 낳기도 합니다.

세 번째 전략은 **전문가, 아마추어, 그리고 군중 등 생산 주체에 따라 달라지는 정보의 특성과 장단점**을 이해하는 것입니다. 예를 들어 '전문성'을 어떻게 정의해야 할까요. 소위 '전문가'가 내놓은 정보와 보통 사람들이 만든 정보는 그 신빙성에 얼마나 차이가 있는 걸까요. 결론부터 말하자면 분야에 따라 다릅니다. 대체적으로 전문가가 생산한 정보가 공신력이 큰 것은 사실입니다. 하지만 경우에 따라서는 불특정 다수의 비전문가가 기여한 내용이 더 확실할 수 있습니다. 생산 주체에 따라 달라지는 정보의 특성을 이해해 소스를 유연하게 취사선택할 수 있어야 합니다. 의학 관련 정보를 얻기 위해서 의사를 찾지만 연애상담은 친한 친구에게 받는 식입니다.

네 번째 전략은 정보의 **맥락**을 파악하는 것입니다. 맥락Context은 정보의 생산, 전파 그리고 수용에 영향을 미치는 모든 요소를 아우릅니다. 정보가 생산자의 동기에 따라 구성되고 편집되는 방식은 당연히 참고해야 합니다. 뿐만 아니라 당신이 검색을 하는 이유 역시 맥락에 포함된다고 볼 수 있습니다.

이처럼 생산자와 수용자 양측 모두가 자료의 맥락 형성에 어떻게 기여하는지 이해한다면 더욱 균형감 있게 정보를 다룰 수 있습니다. 항상 맥락을 똑바로 알고 검색해야 합니다. 단적인 예로 담배의 유해성에 대한 연구를 담배회사가 후원했다면 결과를 곧이곧대로 믿기 힘든 것과 마찬가지입니다.

다섯 번째 전략은 **비교하고 보충**하는 것입니다. 추가적인 조사를 통해 자료를 검증하고 보강해야 합니다. 모든 학술연구는 기존 연구나 발견을 검증하는 데서 시작합니다. 기존 연구에 관한 문헌 검토Literature review가 철저할수록 논문의 퀄리티가 높아지는 이유입니다. 인터넷에서 정보를 찾아볼 때도 마찬가지입니다.

당장 같은 주제에 대해 다른 설명을 내놓은 자료만 수천수만건임을 알 수 있습니다. 귀찮더라도 모든 가능성을 열어 놓고 다양한 자료를 비교-분석해야 '팩트'에 가까워질 수 있습니다.

마지막 전략은 현명하게 **시간 안배**를 하는 것입니다. 좀 더 찾아볼지 아니면 어느 선에서 그만할지 판단해야 합니다. 깊게 파고들자면 끝이 없는 게 정보검색입니다. 아무리 간단한 정보라 할지라도 그 배경이 되는 근거 자료는 산더미고, 관련 주제는 궁금증이 하나 해결될 때마다 꼬리에 꼬리를 물고 이어집니다. '해당 정보는 어떻게 생산되었나' '저자는 누구인가' '어떤 목적으로 쓰여 졌는가' '다른 사람들도 여기에 동의하는가' '출처는 어디인가' 등 끝없이 이어집니다. 첫술에 배부를 수는 없습니다. 만약 시간이 부족하다면 최대한 간략한 자료를 찾아서 '치고 빠지는' 기술도 필요합니다.

디지털 리터러시 4단계 가이드

디지털 리터러시 Digital literacy 는 디지털 자료를 올바르게 검색, 판별, 사용 그리고 제작하는 능력을 말합니다. 검색 능력뿐 아니라 자료를 제대로 이해하고 바르게 사용하는 능력까지 포함합니다. 불확실한 정보가 넘쳐나는 요즘 시대에는 사용자들이 책임감있게 자료를 다룰 수 있도록 하는 디지털 리터러시의 중요성이 더욱 강조됩니다. 디지털 리터러시 교육을 위한 뉴질랜드 국립도서관의 4단계 가이드를 소개합니다.[14]

첫 번째 단계는 **자료 검색**입니다. 올바른 검색은 디지털 리터러시의 시작입니다.

인터넷에서 양질의 정보를 찾기 위해 주의하고 알아야 할 사항들이 있습니다. 우선 복수의 검색 엔진을 사용해 개별 엔진의 맞춤형 정보

---

14 기사 인용. http://www.newstof.com/news/articleView.html?idxno=1787&fbclid=IwAR0wFky17i-cmxAkv_li09c3gwgiaiEoSiI1QJAQMXJo1IXoabmDHZZ3o8I

제공 알고리즘(이른바 '필터 버블')을 무력화하고 정보편식을 최소화해야 합니다. 입맛에 맞는 정보만 골라 제공해주는 필터 버블에 익숙해지면 정보의 불균형이 발생할 수밖에 없습니다. 검색 전략도 다변화해 여러 소스를 참고하고, 문자뿐만 아니라 시청각 자료영상, 이미지, 음성 검색 등를 폭넓게 활용해 정보를 검색합니다. 자료를 수집할 때는 나중에 판별할 수 있게 체계적으로 수집하고 저장하는 것이 좋습니다.

올바른 검색을 하기 위해 계획을 세우고 체크리스트를 활용하는 것도 좋은 방법입니다. 체크리스트는 ▶**무슨 내용을 찾고자 하는가** ▶**어떤 형태의 자료가 필요한가 (통계, 논문, 신문기사)** ▶**현재 어떤 자료를 갖고 있는가** ▶**얼마나 많은 정보가 필요한가** 등 최대한 구체적이고 상세한 것이 좋습니다.

검색 과정에서는 정확한 키워드 선정을 통한 전략적인 검색은 필수이고, 알아볼 내용을 찾기에 가장 적합한 웹사이트를 선정하는 것도 매우 중요합니다. 키워드를 선정하기 위해서는 궁금증을 설명하기에 적합한 단어들을 고르고, 뜻이 비슷하거나 연관된 단어들을 모아 키워드 목록을 작성하면 좋습니다. 이 과정에서 사전을 참고하는 것도 좋은 방법입니다. 키워드를 이것저것 넣어서 검색 결과를 살펴보면서 필요에 따라 키워드를 수정하고 검색 범위를 좁히거나 넓히는 방식으로 나아갑니다.

두 번째 단계는 **정보에 대한 판별**입니다. 검색을 통해 일은 정보 가운데 어떤 것이 내게 필요한 것인지, 어떤 것이 거짓 정보인지를 잘 선별해야 합니다. 이를 위해 ▶**최대한 비판적인 자세로 정보의 연관성, 적합성, 신뢰성을 검토하고** ▶**정보의 출처와 근거를 꼼꼼히 확인하며** ▶**정확성과 시의성을 고려하여 반드시**

필요한 정보만 걸러내고 ▶자료 내용이 검색 목적에 부합하는지 자문해봐야 합니다.

세 번째는 **올바른 정보사용** 단계입니다. 검색하고 선별한 정보를 사용하는 단계입니다. 올바른 사용을 위해서도 유의해야 할 사항들이 있습니다. 예를 들면 ▶**정보가 취지에 맞는지** ▶**콘텐츠별로 사용 목적을 분명하게 설정했는지** ▶**자료를 가져오는 과정에서 도의적–법적 기준을 준수했는지** ▶**정보의 소비 주체는 누구인지**를 잘 따져보는 것입니다.

좋은 품질의 디지털 교육 자료는 올바른 정보 사용의 좋은 사례인데, 가르치는 사람과 배우는 사람 모두에게 매우 유용하게 활용될 수 있습니다. 디지털 교육 자료는 남녀노소 모든 사람들에게 효과적이며, 청중을 몰입시키고 그들에게 영감을 주기도 합니다. 그렇다면 양질의 디지털 자료는 어떤 조건을 갖춰야 할까요. 바로 ▶**교육 목적에 부합하고** ▶**커리큘럼과 조화를 이루며** ▶**배움의 효용과 필요성이 크고** ▶**학생의 교육 수준에 적합하며** ▶**진입 장벽이 낮고** ▶**청중의 흥미와 몰입을 유발하며** ▶**배우는 사람의 창의성을 자극하는 자료**들입니다.

다만 조심할 것이 있습니다. 인터넷에서 찾은 자료를 사용할 때는 반드시 저작권과 이용약관을 준수해야 합니다. 가령 다른 사람의 저작물을 참고하거나 인용할 경우 출처를 정확히 밝히고 정해진 형식에 따라 레퍼런스를 달아 줍니다.

마지막 단계는 **자료 제작**입니다.

디지털 컨텐츠는 영상, 오디오, PPT, 블로그, 애니메이션 등 다양한 포맷으로 누구나 제작이 가능합니다. 다만 품질은 천차만별입니다. 좋은 자료를 제작하기 위해서 기억해야 될 사항들이 있습니다. 예를 들면

▶청중의 요구를 정확히 파악해 설득력 있게 접근하고 ▶비판적–창의적 사고를 적극 활용하며 ▶각종 디지털 도구와 프로그램을 능숙하게 활용할 수 있는 역량을 갖추고 ▶자료를 인용, 제작 및 유포 시 법적–도의적 기준을 준수하며 ▶다른 자료 제작자의 저작권 및 기타 지적 재산권을 존중하는 것입니다.

이처럼 온라인에서 필요한 정보를 '탐색' '판별' '사용' '제작'하는 과정에는 나름의 기준과 원칙이 필요합니다. 이를 제대로 익혀야 허위 정보에 속지 않을 뿐더러 잘못된 정보의 생산자나 유포자가 되지 않을 수 있습니다.

미디어 리터러시, 출발은 가정에서

미디어 리터러시나 역량을 기르기 위해서는 학교 교육이나 제도적 장치 마련 등 다양한 공적 활동이 필요합니다. 하지만 가장 기본이 되는 곳은 역시 가정입니다. 가정에서부터 디지털 기기와 미디어에 대한 올바른 이해를 형성하는 것이 중요합니다. 더구나 코로나19로 언택트 문화가 확산되어 비대면 강의, 재택근무, 온라인 화상회의 등이 급속도로 확산됐습니다. 얼굴과 얼굴을 직접 맞대고 수업을 듣거나 일을 하고 대화하는 방식이 아니라 화상으로 회의를 하고, 강의를 듣는 것이 자연스럽게 자리잡은 것입니다.

코로나19가 종식된다 해도 이미 언택트 문화가 자리잡았기 때문에 완전히 예전처럼 돌아가지 않을 것이라고 합니다. 가정에서부터 디지털 리터러시 역량을 키워야 하는 이유가 여기 있습니다. 앞에서 한국언론진흥재단의 미디어 리터러시 전담 채널과 블로그에 대해 언급한 적이 있습니다. 여기에 올라온 소식 가운데 가정에서 당장 적용해 볼 수

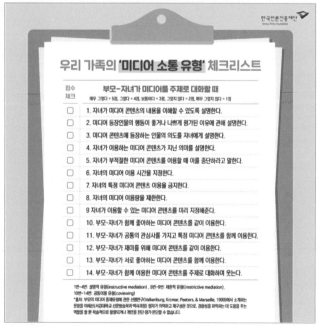

있는 흥미로운 글이 있어 소개합니다.

'자녀의 미디어 이용을 어떻게 지도해야 하는가'라는 주제의 글입니다. 아이들에게 올바르게 지도하기 위해서는 부모가 자녀의 미디어 이용에 대해 어떤 태도를 보이는지부터 알아야 합니다.

자녀를 향한 부모의 미디어 중재 유형은 크게 제한적, 설명적, 공동이용 세 가지로 분류합니다. 제한적 유형은 자녀의 미디어 이용 시간이나 콘텐츠 등을 직접적으로 제한하고 통제하는 것입니다. 자녀들의 미디어 이용에 관한 규칙을 만드는 것도 여기에 속합니다. 설명적 유형은 자녀에게 미디어 콘텐츠의 내용이나 장단점을 설명하는 것으로, 등장인물의 말이나 행동부터 미디어 콘텐츠가 현실을 재현하고 있다는 점까지 다양한 특징에 초점을 맞춰 이야기할 수 있습니다. 마지막 공동이용 유형은 부모와 자녀가 같은 미디어를 함께 이용하며 경험을 공유하는 유형을 말합니다. 그런데 이런 세 가지 유형 가운데 우리나라 가정에서는 제한적 유형이 많다고 합니다. 이런 제한적 유형은 자기통제 수준이 낮은 아동의 미디어 이용 시간을 감소시킬 수는 있지만 의존적 사용과는 관련이 없다고 합니다. 이런 중재 노력보다 더 중요한 것이 부모가 자녀들과 함께 많은 시간을 보내고 허물없이 대화하는 것이 더 큰 영향력을 발휘한다고 합니다.

우리 가정의 미디어 중재 유형은 어디에 속하는지 직접 점검해 볼 수 있습니다. 14가지 설문문항에 답을 한 뒤 확인해볼 수 있습니다. 1~4번 문항은 설명적 유형, 5~9번 문항은 제한적 유형, 그리고 10~14번 문항은 공동이용 유형입니다. 이렇게 유형을 파악해본 뒤 자녀에게 맞는 미디어 지도를 하는 것이 필요합니다. 전문가에 따르면 처음에는 자녀가 좋아하는 미디어 콘텐츠나 소재를 파악해 공통의 관심사를 형성하고, 공동이용을 통해 충분히 신뢰를 쌓은 뒤 설명적 유형이나 제한적 유형을 시도하는 것이 좋다고 합니다.

7.
팩트체크란
무엇인가

Fact
Check

새로운 저널리즘 영역 팩트체크

가짜뉴스에 대한 사회적 관심과 경각심이 높아지면서 팩트체크 저널리즘에 대한 관심 또한 높아지고 있습니다. '객관적 보도'라는 이름 아래 기계적 중립을 지키는 과정에서 언론의 신뢰도는 갈수록 추락하고, 유력 인사들의 발언을 평가하지 않고 있는 그대로 전달만 하는 이른바 '따옴표 저널리즘'에 대한 반성과 성찰에서 팩트체크 저널리즘이 싹을 틔웠기 때문입니다. 특히 대통령 선거 등을 계기로 팩트체크가 태동하고 발전했다는 것은 국가적으로 중요한 행사에서 그만큼 검증해야 할 대상이 많아졌다는 것이기도 합니다. 그런데 '사실확인', '사실검증'으로 불리는 팩트체크 역시 완벽하게 합의된 정의는 없습니다. 영어로는 팩트체킹이 일반적 표현이지만 국내에서는 팩트체크라는 용어가 대중적으로 쓰이고 있습니다.

우선 사전적 의미를 살펴볼 필요가 있습니다. 위키피디아에 따르면, 팩트체킹은 '비허구적 텍스트에 포함된 사실적 진술들의 진실성, 정확성을 확인하는 행위'입니다. 시점에 따라서는 크게 두 가지로 구분됩니다. 텍스트 작성 후 배포 전 이뤄지는 '사전적 팩트체킹', 배포 후 이뤄지는 '사후적 팩트체킹'입니다. 좀 더 쉽게 설명하면 언론사에서 취재한 내용을 보도하기 전에 자체적으로 사실여부를 검토하는 것은 사전적 팩트체크, 그리고 이미 사회적으로 문제가 된 발언이나 주장, 또는 언론보도 등에 대해 사실여부를 추후에 검증하는 것은 사후적 팩트체크라 할 수 있습니다.

이런 측면에서 보면 현재 세계적으로 확산되는 팩트체크 저널리즘은 대부분 사후적 팩트체크에 속한다고 볼 수 있습니다. 이를 구분하지 않으면 기존 언론들이 해오던 취재활동이나 사실확인 작업(사전적 팩트체크)과 차별성이 떨어집니다.

좀 더 구체적인 설명을 담은 미국언론재단API의 정의를 살펴보겠습니다. API는 '팩트체커와 팩트체킹 조직기관은 정치인이나 사회적 영향력이 큰 인물들의 사실이라고 알려진 (출판되고 기록된) 진술들에 대해 조사하고 다시 알림으로써 이해를 증진시키는 데 목적을 두고 있다'고 설명합니다. 또 팩트체커들은 검증 가능한 사실을 조사하며, 그들의 활동은 정당의 당파성이나 정당에 대한 지지여부 혹은 정치적 수사와는 무관하다고 덧붙입니다.

국내에서는 한국언론진흥재단에서 발간하는 월간지 '신문과 방송'에서 미디어트렌드 용어로 소개합니다. 여기에서는 '팩트체킹', '팩트체크' 두 가지 용어를 함께 사용하면서 '정치인이나 선거후보자 등 사회적 영향력을 가진 유력인사의 발언, 언론보도 내용, 소셜 미디어에 떠도는 풍문 등을 철저히 검증한 뒤 사실 여부를 판별해 알리는 활동을 말한다.'고 설명했습니다.

국내 언론학계에서도 나름의 시각으로 정의한 바 있습니다.

2012년 관훈토론에서 오택섭 교수는 "(팩트체킹은) 대통령으로부터 국회의원, 시교육감에 이르기까지 모든 선출직 공직자와 정치, 사회, 문화 전반에 걸쳐 영향력을 행사하는 토크쇼 진행자, 파워블로거, 트위터리언, 각종 이해단체 관계자 등 여론주도층 인사의 의미 있는 발언을 심층 분석해 그 발언의 옳고 그름, 진실과 거짓을 가리는 것을 의미한다"고 규정했습니다.

또 2013년 마동훈 교수 등은 〈저널리즘 공공성 실현을 위한 한국형 팩트체킹 모델 연구〉 논문을 통해 "저널리즘에 대한 수용자들의 불신을 극복하기 위해 정치뉴스 등 사회적으로 중요한 의미를 가진 발언의 사실과 거짓을 분별하려는 최근의 시도가 곧 '팩트체킹'이다. 미국 등 해외에서 먼저 등장한 팩트체킹은 언론사와 공공기관, 학자 등 검증자가 정치인 발언과 뉴스, 풍문 등의 사실 여부를 검증하고, 검증 절차와 내용, 결과를 공개해 수용자의 판단을 돕는 것"이라고 설명했습니다.

이처럼 학자들이나 언론기관들마다 조금씩 정의와 해석이 다릅니다. 그런데 실제로 팩트체크를 업으로 하는 팩트체커들은 팩트체크를 어떻게 설명할까요.

폴리티팩트 설립자인 빌 어데어 미국 듀크대학교 교수는 다음과 같이 정의합니다.

"팩트체크는 사람들이 진짜인지 아닌지 알고 싶어 하는 정보에 대한 궁금증을 단순명쾌하게 보여주는 것이다. 기성언론이 놓치고 있는 정치인들의 발언이나 약속의 진실성을 명확하게 검증한 뒤 이를 공개하는 것이다. 그렇다고 팩트체크를 기성언론이 해오던 단순한 '사실확인' 작업과 혼동해서는 안 된다. 그것은(사실확인은) 기성언론 내부의 데스크 기능이나 젊은 기자들에 대한 훈련의 문제다. 팩트체크는 그것을 넘어서는 하나의 새로운 저널리즘 영역이다."

워싱턴포스트 팩트체크 칼럼니스트 글렌케슬러Glenn Kessler는 "팩트체크는 정치인들이 더 이상 자신이 지킬 수 없는 약속을 하지 않는 것을 의미하며, 그들의 주장이 사실이 아니라는 것을 스스로 알게 되는 것"이라고 설명했습니다. 또 "정치인들이 그들의 발언에 책임지도록 잡아두고, 시민들이 시사문제에 대해 보다 많은 정보를 얻도록 하는 팩트체킹의 목표가 민주주의를 번영하게 하는 필수요소라고 강하게 확신한다"고 덧붙였습니다.

학자들 설명보다 팩트체커들의 설명이 조금 더 쉽게 이해됩니다. 이런 여러 가지 주장과 견해를 종합해보면 팩트체크란 결국 "정치, 사회, 문화 전반에 걸쳐 영향력을 행사하는 여론 주도층 인사의 검증가능하고 의미 있는 발언이나 주장을 심층 분석해 참과 거짓을 가림으로써 언론수용자유권자들의 올바른 선택을 돕는 활동"이라고 규정할 수 있을 것 같습니다.

디지털 '사금 채취' 팩트체크

한때 서부 개척시대를 배경으로 한 미국 영화가 인기였습니다. 누가 봐도 악당이 누구인지, 주인공이 누구인지 뻔히 보이고, 대부분 권선징악으로 끝나는 단순한 스토리인데도 아이들의 흥미를 끌기엔 충분했던 것 같습니다. 인포데믹으로 불리는 요즘에는 누가 악당이고, 누가 영웅인지 구분하기가 참 어렵습니다. 참과 거짓을 구분하는 일도 마찬가지입니다. 이런 어려움 속에서도 무엇이 진짜이고, 가짜인지 가려내려는 작업이 바로 팩트체크라 할 수 있습니다.

필자는 팩트체크를 사금채취에 비유하곤 합니다. 서부 영화를 보면서 묘하게 끌리던 장면이 있는데요. 바로 사금砂金을 채취하는 장면입니다. 그냥 평범해 보이는 개울이나 강가에서 모래와 흙을 둥글거나 네모난 채나 그릇 같은 것으로 퍼 올린 뒤 살살 흔드는 것입니다. 이런 작업을 무수히 반복하다보면 어느 순간 모래와 자갈, 흙은 줄어들고 작고 반짝거리는 금조각들이 남습니다. 바로 금모래, 사금입니다. 팩트체크가 넓고 넓은 모래사장에서 사금을 채취하는 것과 비슷하다는 생각을 합니다. 숱한 모래와 자갈, 흙탕물을 걸러내고 진짜 가치 있는 정보를 가려내는 일이 바로 팩트체크와 닮았기 때문입니다.

사금채취 과정에서 '물에 일어서 불필요한 모래나 흙은 제거하고 사금만 남기는 것'을 도태淘汰한다고 합니다. 생물학에서 쓰는 용어와 똑같은 한자입니다. 동일한 종種에 속한 다수의 개체 가운데에서 특정 개체는 보존되고 그 외엔 사라지는 현상입니다. 팩트체크는 모래와 흙 같은 허위조작정보를 도태시키고, 사금처럼 유익하고 필요한 정보를 살려서 계승하는 작업입니다. 왜 우리사회에 꼭 필요한 작업인지 알 수 있습니다.

팩트체크는 또 법정에 서 있는 판사와도 비슷합니다. 일반기사와 팩트체크 기사의 가장 큰 차이점은 바로 '판정'에 있습니다. 참과 거짓에 대한 분명한 결론을 내리는 만큼, 팩트체크 저널리즘을 '진실의 판정자'라고 평가하기도 합니다.

이는 마치 검사와 판사의 역할분담과 비슷합니다. 검사가 피고자에 구형을 하면, 판사는 유무죄에 대한 판단과 구체적인 양형까지 하게 되는 것입니다. 판사출신이자 작가이기도 한 정재민의 《혼밥판사》라는 책에서 유무죄 판단과 양형에 대해 이해하기 쉽게 설명하고 있습니다. 이 과정에서 느끼는 인간적 고뇌까지 솔직하게 담아서 얘기를 풀어갑니다. 그중 한 대목을 살펴보겠습니다.

"유죄를 받은 피고인의 형량을 정하는 일을 양형이라고 한다. 유무죄를 판단하는 것도 어렵지만 양형을 정하는 것은 훨씬 더 어렵다. 유무죄 판단은 유죄 아니면 무죄다. 그러나 양형을 할 때에는 피고인이 징역 6개월인지, 10개월인지, 1년인지, 1년 6개월인지를 정해야 한다. 유무죄 판단이 객관식 문제라면 양형은 주관식 문제라고 할 수 있다. 그래서 더 어렵다. 양형기준표가 있지만 큰 도움이 되지는 않는다. 같은 종류의 죄를 두고 양형이 다른 정도를 양형 편차라고 한다. 어느 판사를 만나느냐에 따라 형량이 크게 달라지는 것이 양형편차인데, 이것이 큰 것은 바람직하지 않다."

팩트체크에서도 참과 거짓을 가리는 판정이 기본입니다. 그리고 세계 유수의 팩트체크 기관에서는 참과 거짓을 가리는 판정뿐만 아니라 구체적인 등급을 나누는 레이팅 방식을 채택하고 있습니다. 워싱턴포스트 팩트체커의 피노키오 지수나, 폴리티팩트Politifact의 '트루스오미터 Truth-O-Meter, 진실측정기'가 대표적인 경우입니다. 이는 마치 판사들의 양형과도 무척 비슷합니다.

정재민 전 판사 글에는 흥미로운 대목이 또 등장합니다. 바로 사실확정에 대한 내용인데 이는 팩트체크 절차와 많이 닮았습니다.

"판사가 되기 전에는 판사의 일이 주로 법리적인 문제를 판단하는 것인 줄 알았다. 그런데 판사가 되고 보니 대부분 어떤 사실이 '있었는지'를 판단하는 일을 하게 됐다. 피고인이 그때 돈을 받았는지 안 받았는지, 피고인이 그 자리에 갔는지 안 갔는지, 피고인이 그때 말을 했는지 안 했는지, 피고인이 그때 특정 사실을 알고 있었는지 모르고 있었는지를 밝혀내는 것이 핵심작업이다. 재판의 승패도 대부분 사실확정에서 판가름 난다. 재판은 유화복원사가 옛날 명화를 복구하듯이 과거를 복구하는 작업이다. 난이도 측면에서도 법리보다 사실 확정이 더 어렵다. 판사는 증거를 채택한 다음 채택된 증거를 놓고 증거조사를 한다. 증거조사 절차에는 판사가 증인을 신문하고, 사진이나 동영상을 보고, 각종 문서를 읽으면서 어떤 사실의 존부(存否)에 대한 심증을 형성한다. 그러나 증거조사를 한다고 해서 범죄 당시의 상황이 알라딘의 요술램프처럼 3D 입체영상으로 재구성되는 것도 아니다. 셜록이나 CSI에는 아귀가 딱딱 맞는 완벽한 증거가 등장한다. 다 끼워 맞추면 진실이 온전하게 드러난다. 그러나 실제 재판에서는 증거가 늘 부족하다. 증거가 없거나 부족한 부분은 논리와 상식으로 채워 넣어야 하는데 그것도 쉽지 않다."

물론 팩트체크를 통해서도 100% 완벽한 진실을 드러내기는 쉽지 않습니다. 어쩌면 영원히 불가능할지도 모릅니다. 다만 거듭된 시행착오를 거치고 오류를 최대한 줄이면서 진실에 가까이 가려고 노력하는 것입니다. 이런 노력조차 없다면 언론의 존재의미가 없는 것 아닌가 생각합니다.

'진흙탕 속 연꽃'
팩트체크

팩트체크라는 개념은 우리나라에서 생겨난 것이 아닙니다. 용어의 유래를 따져보면 1920년대 초반 미국에서 시작됐습니다. 세계적인 시사잡지 타임지에서 기사에 대한 사실성 여부를 확인하는 전문인력에 대한 채용공고를 냈는데 이들을 '팩트체커'라고 불렀다고 합니다. 당시 타임지 편집국에는 4명의 여성 팩트체커가 채용돼 주로 남성 기자들이 썼던 기사의 사실성과 정확성 여부를 검증했다고 합니다. 처음에는 '팩트체커'가 아닌 '리서처'라고 불렀다는 얘기도 있습니다. 역사, 지리, 문법에 특히 능통했던 여성 팩트체커가 남성 기자들의 기사를 검증하면서 성대결 양상도 보였다고 합니다. 아무튼 팩트체커의 첫 출발은 시사잡지의 자체 기사에 대한 사실검증이라 할 수 있습니다. 앞에서 언급했던 '사전적 팩트체크'라고 할 수 있습니다.

그렇다면 현대적 의미의 팩트체크는 언제부터 시작됐을까요.

이런 개념 역시 1990년대 초반 미국에서 출발했습니다. 흥미로운 점은 팩트체크가 활성화되는 시점이 미국 대통령 선거와 매우 관련이 깊다는 점입니다. 1988년, 1992년, 1996년 미국 대선을 거치면서 현대적 의미의 팩트체크가 태동했고, 빠르게 성장했습니다.

1988년 제41대 미국 대선을 특히 주목할 필요가 있습니다. 공화당에서 조지 부시 후보, 그리고 민주당에서는 마이클 듀카키스 후보가 나와 선거에서 맞붙었습니다. 당시 대선은 미국 역사상 최악이라는 평가를 받을 만큼 네거티브 공방, 흑색선전이 난무했습니다.

그해 여름까지 부시 후보는 듀카키스 후보에 지지율이 17% 가까이 뒤진 상태였습니다. 이를 만회하기 위해 '선거기술자' 리 앳워터를 데려왔습니다. 그는 사우스캐롤라이나에서 활동하던 공화당의 선거전략가였습니다. 앳워터가 부시 캠프의 선거본부장이 되면서 자극적인 폭로전을 주도했습니다. 대표적인 것이 듀카키스 후보의 부인 키티 듀카키스가 학생 시절 성조기 방화사건을 일으켰다는 폭로입니다. 듀카키스 측의 적극적인 해명에도 그의 지지율은 6%p나 빠졌습니다.

또 하나는, 듀카키스는 매사추세츠 주지사 시절 모범적인 수형 생활을 하는 죄수의 주말 휴가제를 도입한 적이 있습니다. 그런데 공교롭게도 흑인 죄수 한 명이 1987년 휴가 중 백인 커플을 납치해 여자를 강간하고 남자는 폭행한 사건이 벌어졌습니다. 윌리 호턴이라는 살인범으로, 그는 다시 강간 범죄를 저지르고 자신의 약혼자까지 살해합니다. 사형제도를 반대하는 듀카키스를 겨냥해 부시 후보는 TV토론에서 "당신의 아내를 강간하고 살해하는 범죄자의 사형에도 반대하느냐"는 질문을 던졌습니다. 듀카키스는 "그럼에도 난 사형에 반대한다"고 말했습니다.

이날 토론으로 듀카키스는 '무고한 시민을 해치는 범죄자를 방조하는 정치인' 이미지가 덧씌워졌습니다. 대신 부시는 일급 범죄자에 대한 사형제도를 지지하는 모습으로 확실한 차별화에 성공했습니다. 여기에 그치지 않고 앳워터는 이 사건을 대선 광고로 이어가면서 물고 늘어졌습니다. 결국 부시 후보가 54퍼센트 득표율을 얻어 승리했습니다.

비록 부시 후보가 승리했지만 후유증이 적지 않았습니다. 대선 당시 제기했던 각종 의혹과 폭로가 사실과 달라 부시 진영의 진실성이 크게 의심받았기 때문입니다. 문제는 여기에 그치지 않았습니다. 폭로들을 그대로 받아쓰기해 전달한 언론 역시 비난의 대상이 됐습니다. 이른바 흑색선전을 그대로 인용하는 '따옴표 저널리즘', '받아쓰기 저널리즘'에 대한 심각한 비판과 자성이 일기 시작했습니다. 이 같은 자성이 팩트체크라는 새로운 영역의 씨앗이 된 셈입니다.

실제로 팩트체크의 씨앗이라 할 수 있는 언론의 노력이 이때부터 엿보이기 시작합니다. 1988년 ABC방송 뉴스에서 '더 팩트'라는 고정 코너가 등장한 것도 이런 배경에서입니다. 4년 뒤인 1992년에는 CNN방송 브룩스 잭슨 기자가 정치광고를 검증하는 '애드워치'와 정치인 발언과 주장을 검증하는 '팩트체크' 코너를 진행했습니다. 또 같은 해 CBS방송도 저녁 뉴스에서 '리얼리티 체크'라는 코너를 고정 편성했습니다.

이런 움직임이 팩트체크라는 새로운 영역의 언론 활동을 태동시킨 것입니다. 그렇게 보면 진흙탕 같은 대선 과정에서 피어난 곱디고운 연꽃이 바로 팩트체크라 할 수 있을 것 같습니다.

팩트체크계 '시조새' 스놉스

방송사의 한 코너가 아닌, 독립적인 팩트체크 사이트의 첫 등장은 1994년입니다. 미국 팩트체크의 원조이자 할아버지로 불리는 '스놉스 snopes.com'가 이때 출범했고, 1995년부터 본격적인 활동을 시작했습니다. 스놉스는 검증을 전문으로 하는 사이트이지만 루머나 도시괴담 등 흥미를 끄는 이슈를 검증하는 데 초점을 맞췄습니다. 물론 팩트체크 코너도 있었지만 이보다는 루머나 괴담 등을 검증하는데 더 비중을 뒀습니다. 그러다 보니 이후에 등장하는 미국 3대 팩트체커에 비해 상대적으로 덜 주목받았습니다. 그래도 대중적 인기는 상당합니다. 26년이 지난 지금까지 명맥을 유지하고 있는 것도 이런 배경 때문입니다.

스놉스의 인기를 실감하게 해준 계기가 또 있습니다. 2017년 말 재정난을 호소하던 스놉스는 홈페이지를 통해 사상 처음으로 공개 펀딩을 시도했습니다. 단 이틀 만에 2만 5000명 이상 참여해 목표액 50만 달러를 가뿐히 달성했습니다. 큰 기업이나 자산가가 거액을 투자하는 것이 아니라 그야말로 소액다수의 펀딩을 시도했는데 완벽하게 성공한 것입니다. 미국 내에 팩트체크에 대한 팬덤이 확실하게 있다는 것을 입증한 사례입니다.

그런데 한 가지 안타까운 점은 스놉스의 공동설립자인 데이비드 미켈슨이 표절시비에 휘말린 것입니다. 2021년 8월 버즈피드 보도에 따르면 미켈슨은 2015년부터 2019년까지 가디언과 LA타임스 같은 뉴스 매체에서 보도한 내용(54건)을 인용이나 출처를 밝히지 않은 채 무단으로 게재한 것으로 드러났습니다. 팩트체크의 시조라 불리는 스놉스가 가장 경계해야 할 표절시비에 휘말린 것입니다.

스놉스가 루머나 괴담을 주로 검증했다면 본격적인 정치검증을 시도한 것은 2001년 3월 등장한 '스핀새너티Spinsanity.com'입니다. 블로그 형식으로 400건 이상의 기사와 각종 칼럼 등을 통해 대통령 발언 등을 집중 검증해 적잖은 반향을 일으켰습니다. 그러나 스핀새너티는 2005년 1월 운영진들이 더 이상 검증 내용을 업데이트할 수 없음을 공개적으로 밝히면서 활동을 중단했습니다. 그들은 비록 활동을 중단했지만 그동안 썼던 기사와 칼럼 등은 그대로 남겨둬 누구나 원하면 찾아볼 수 있도록 했습니다. 지금도 사이트를 검색하면 바로 확인할 수 있습니다.

운영진들은 당시 경험을 토대로 2004년 가을 공동으로 책도 냈습니다. 《미국 대통령의 여론 조작All the Presidents' Spin》이라는 책입니다. 이 책은 부시 행정부의 교묘한 여론 조작 기법과 백악관 의도를 과학적으로 분석하고 입증했다는 평가를 받으면서 그해 뉴욕타임스 베스트셀러, 아마존닷컴의 정치분야 10대 베스트셀러 목록에 이름을 올리기도 했습니다.

미국
3대 팩트체커의 등장

스놉스와 스핀새너티가 팩트체크 초창기 모델이라면 2003년 12월 등장한 '팩트체크닷오르그FactCheck.org'는 현대적 의미의 원조라 할 수 있습니다.

팩트체크닷오르그는 주요 정치인과 공직자의 발언과 주장을 집중적으로 검증하면서 주목을 받았습니다. 팩트체크닷오르그는 CNN 기자 출신 브룩스 잭슨이 함께 참여한 펜실베니아 대학의 에넌버그 공공정책연구소에서 개설했습니다.

브룩스 기자는 앞에서 언급했던 1992년 미국 대선에서 정치광고를 검증하는 '애드워치'와 정치인 발언과 주장을 검증하는 '팩트체크' 코너를 진행했던 바로 그 기사입니다. 팩트체크에 대한 열정이 10년 가까이 지난 뒤에도 계속 이어지고 있는 것이죠.

팩트체크닷오르그는 대학의 연구센터가 주도한 독특한 형태는 물론이고 특정 이슈에 구애받지 않고, 언론이나 자본으로부터도 독립적인 운영을 표방해 눈길을 끌었습니다. 최근에는 정치적 발언만 검증하는 것이 아니라 정치인의 과학적 발언이나 진술을 검증하는 '사이체크 SciCheck' 그리고 소셜 미디어 상에서 범람하는 가짜뉴스에 대한 다양한 정보와 검증내용을 공개하는 '바이럴 스파이럴Viral Spiral' 등으로 영역을 확대하고 있습니다.

팩트체크닷오르그 출범 후 몇 년 뒤인 2007년 또 하나의 새로운 팩트체크 기관이 등장했습니다. 미국 유력 일간지 워싱턴포스트는 팩트체킹 전문 칼럼인 '팩트체커The Fact Checker'라는 코너를 도입했습니다. 칼럼니스트 마이클 돕스가 처음 만들었고, 본격적으로 활동한 것은 2008년 대선부터입니다. 대선 이후 다소 지지부진하다가 다시 유명세를 탄 것은 2011년부터입니다. 새롭게 칼럼을 맡게 된 글렌 케슬러라는 기자 때문입니다.

정치외교 전문기자 글렌 케슬러는 2011년 초부터 정기적으로 팩트체커 칼럼을 게재하면서 남다른 시각과 철저한 검증으로 명성을 날렸습니다. 특히 이때부터 도입한 '피노키오 지수'도 인기몰이에 한몫을 톡톡히 했습니다.

거짓말을 하면 코가 길어지는 피노키오 이미지를 거짓말을 하는 정치인 발언에 부여하면서 대중들에게 친근하게 접근했습니다. 시각적 효과가 함께 어우러지면서 흥미를 유발했습니다. 피노키오는 거짓의 정도에 따라 한 개부터 네 개까지 부여됩니다. 이른바 '피노키오 지수 Pinocchio Test'라는 것으로 피노키오 4개를 받으면 새빨간 거짓말이 되는 식입니다.

사실의 모호한 전달입니다. 생략 혹은 과장은 있지만 완전한 거짓은 아닙니다(대체로 사실).

심각한 생략 혹은 과장입니다. 몇몇 사실 관계는 오류가 있을 수 있습니다. 정치인이 일반인은 알아듣기 힘든 전문 용어나 법적 언어 등을 통해 잘못된 인상을 심어 주는 경우가 여기에 속합니다(사실 반 거짓 반).

심각한 사실적 오류 혹은 명백한 모순입니다. 정부 데이터 등에 기반한 기술적으로(technically) 사실인 진술을 포함할 수 있지만, 그러한 진술들이 맥락 밖에서 다뤄져서 오해를 불러일으키는 경우가 여기에 속합니다. 대체로 거짓으로 판정합니다.

완전한 거짓말입니다.

피노키오 지수를 좀 더 자세히 살펴보면 다음과 같습니다.

1. 피노키오 하나(대체로 사실) : 사실의 모호한 전달. 생략이나 과장된 부분은 있지만 완전한 거짓은 아닙니다.

2. 피노키오 둘 (사실반 거짓반) : 심각한 생략 혹은 과장. 몇몇 사실관계에 오류가 있습니다. 정치인이 일반인은 알아듣기 힘든 전문용어나 법적 언어 등을 통해 잘못된 인상을 심어주는 경우입니다.

3. 피노키오 셋 (대체로 거짓) : 심각한 사실적 오류 혹은 명백한 모순. 정부 데이터 등에 기반해 기술적으로는(technically) 사실일 수 있지만, 진술이 맥락 밖에서 다뤄져서 오해를 불러일으키는 경우입니다.

4. 피노키오 넷 (완전한 거짓) : 말 그대로 완전한 거짓말입니다.

미국 정가에서는 어떤 허황된 주장을 펼쳤다가 피노키오 4개를 받은 정치인이 동료들로부터 '포 피노키오4 Pinocchio'라고 조롱당할 정도로 유명세를 얻었습니다. 때문에 미국의 유력 정치인이 공식석상에서 피노키오를 언급하는 것도 전혀 낯선 일이 아닙니다. 트럼프 전 대통령 역시 수없이 많은 자리에서 피노키오를 거론했습니다.

팩트체커는 거짓말만 지적하는 것은 아닙니다. 피노키오 판정 지수 역시 갈수록 다양해지고 진화합니다. '제페토 체크마크'는 정치인들의 주장과 진술이 거의 100% 사실일 경우에 부여합니다. 대신 모두가 예상하듯이 자주 수여되지는 않는다고 밝혔습니다.

'거꾸로 뒤집힌 피노키오'도 있습니다. 중요한 사실관계를 담은 진술이 현재는 비록 사실일지라도 이전에 했던 것과 완전히 달라지는 경우 뒤집어진 피노키오를 수여하는 것입니다.

판정에 대한 보류도 있습니다. 사안이 매우 복잡하거나 양측 주장 모두에 일리가 있어서 섣불리 판단을 내릴 수 없는 경우도 있습니다. 이런 경우 더 많은 사실을 수집할 수 있을 때까지 판단을 유보하는 것입니다.

'밑 빠진 피노키오'도 있습니다. 2018년 12월 도입된 새로운 버전인데요. 밑 빠진 피노키오는 좀처럼 받기 힘듭니다. 그만큼 장벽이 높습니다. 팩트체크 결과 3~4개의 피노키오를 스무 번 이상 반복할 경우에 수여하기 때문입니다. 너무나 명확하고 뻔한 거짓을 스무 번 이상 한다는 것이 사실 쉽지는 않습니다. 그만큼 의문의 여지가 없고 거짓이 확실하다는 뜻입니다. 그런데 왜 이런 규정을 도입했을까요. 바로 트럼프 전 대통령 때문입니다. 아무리 거짓이라고 판정을 해도 트럼프 전 대통령은 자신의 주장을 반복하기 때문입니다. 트럼프 대통령 취임 이후부터는 대선공약을 추적하는 카테고리를 신설해 운영 중에 있습니다.

팩트체커와 마찬가지로 2007년에 등장한 또 다른 팩트체크 전문기관이 바로 '폴리티팩트닷컴Politifact.com, 이하 폴리티팩트'입니다. 폴리티팩트는 팩트체킹을 대중적으로 꽃피웠다는 평가를 받습니다. 이 기관은 미국 플로리다 지역신문 템파베이 타임즈 워싱턴 지국장이던 빌 어데어현 듀크대학교 교수가 주축이 돼 만든 팩트체크 사이트입니다. 주요 정치인 발언에 대한 철저한 검증과 독특한 판정·시스템으로 큰 화제가 됐습니다.

검증결과는 6가지 등급으로 분류한 뒤 진실측정기라 불리는 트루스 오미터를 통해 공표합니다. 판정 기준은 다음과 같습니다.

- 진실(True) : 정확한 발언, 특별히 빠진 중요 사항 없음
- 대체로 진실(Mostly True) : 정확한 발언이지만 해명 또는 추가 정보 필요
- 절반의 진실(Half True) : 부분적으로 정확한 발언이지만 중요한 세부 사항이 빠졌거나 맥락에서 벗어남
- 대체로 허위(Mostly False) : 진실의 요소는 갖췄으나 결정적 팩트를 무시해 전혀 다른 인상을 줄 수 있음
- 허위(False) : 발언이 정확하지 않음

■ 새빨간 거짓말(Pants-on-Fire) : 정확하지 않은 발언에 웃기는 주장을 펼침.

이것만이 아닙니다. 폴리티팩트는 정치인의 말 바꾸기에 대해 '플립 오미터The Flip-O-Meter'라는 틀로 검증합니다. 또 전문가, 칼럼니스트, 블로거, 정치평론가 등 미디어 관련 유명인 발언은 '펀디트팩트PunditFact'라는 별도 코너를 통해 검증합니다.

대선 공약을 검증하는 작업도 진행하고 있습니다. 오바마 재임 기간에 진행한 오바미터Obameter와 트럼프 대통령의 공약을 추적하는 트럼프 오미터Trump-O-Meter가 있습니다. 공약에 대한 추적 결과는 평가 전Not Yet Rated, 진행 중In the Works, 보류Stalled, 타협Compromised, 이행Promise Kept, 공약 파기 Promise Broken 등으로 표시합니다.

폴리티팩트는 이처럼 다양하고 왕성한 활동을 인정받아 2009년 '언론계의 노벨상'으로 불리는 퓰리처상 탐사보도 부문을 수상했습니다. 이렇게 '팩트체크', '폴리티팩트', '팩트체커' 셋을 합쳐 '미국 3대 팩트체커'라고 부릅니다.

그런데 출범한 시기를 자세히 보면 미국 대선과 밀접한 관련이 있음을 알 수 있습니다. 팩트체크가 2003년, 폴리티팩트와 팩트체커가 2007년에 탄생한 것입니다. 모두 대통령 선거를 치르기 1년 전입니다. 대형 선거 때 정치권이나 정치인들이 무책임한 주장과 폭로가 횡행하는 것은 어느 나라나 비슷한 것 같습니다. 그만큼 철저한 검증에 대한 국민적 관심과 요구도 함께 커지는 것입니다.

전 세계가 연대하는
팩트체크

미국 외 유럽과 중남미, 아시아와 아프리카 지역에서도 중요한 선거를 거치면서 팩트체크 조직들이 속속 생겨났습니다. 최근 수년 사이에 폭발적으로 성장하고 있습니다.

　미국 듀크대학교 리포터스랩은 해마다 전 세계에서 활동 중인 팩트체크 사이트와 기관을 집계해 발표하고 있습니다. 이곳에 접속하면 전 세계 팩트체크기관 현황뿐만 아니라 각 나라 팩트체크기관 홈페이지로 바로 연결할 수도 있습니다. 리포터스랩에 따르면 2020년 10월 현재 팩트체크 사이트는 84개국 304개입니다. 연도별로 보면 2014년 처음 집계할 당시 44개에 불과했던 팩트체크 사이트는 2015년 64개, 2016년 96개, 2017년 114개, 2018년 149개, 2019년 188개 였다가 2020년 10월에 드디어 300곳이 넘어선 것입니다. 2021년 9월, 349개 기관으로 늘었습니다.

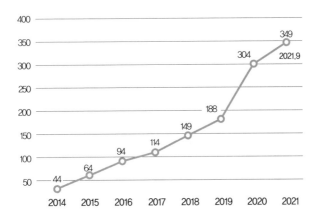

　　더욱 주목할 만한 대목은 팩트체크 성장이 특정 지역에 편중되지 않고 골고루 나타나는 점입니다. 가령 아프리카 21개, 아시아 82개, 호주 4개, 유럽 85개, 북미 72개, 남아메리카 40개 등입니다. 더 이상 미국 등 특정 국가나 대륙의 전유물이 아닌 것입니다. 리포터스랩 집계에 포함된 우리나라 팩트체크 기관으로는 서울대 언론정보연구소의 SNU팩트체크센터, JTBC 등 11곳입니다.

　　팩트체크 분야가 빠르게 성장한 것에는 그럴 만한 이유가 있습니다. 우선 거대 디지털 미디어 플랫폼을 통한 허위 정보의 확산이 늘고 있기 때문입니다. 구글, 페이스북, 유튜브, 인스타그램, 트위터 등 글로벌 플랫폼과 디지털 미디어 공간이 허위 정보를 생산하고 유통하는 중요한 수단이 되고 있는 것입니다.

　　때문에 디지털 미디어 플랫폼과 팩트체커들간에 공조와 협업도 다양하게 확산되고 있습니다. 팩트체커들이 검증한 정보와 기사들을 구글이나 페이스북 등에서 적극 반영하고 노출하는 것도 그 일환입니다. 이 같은 국제적인 연대와 협업도 팩트체크 분야의 빠른 성장세를 이끄는 또 다른 요소입니다. 미국에서 출발한 팩트체크는 순식간에 유럽과 중남미 등으로 확산됐습니다. 팩트체크 기법과 지속가능한 경영을 위한 아이디어를 공유했기 때문에 가능했던 일입니다.

　이 같은 국제적 연대와 협업을 만들어 준 대표적 기관이 국제팩트체킹네트워크IFCN, International Fact-Checking Network입니다. 2015년에 공식 설립된 IFCN은 해마다 열리는 국제컨퍼런스인 글로벌 팩트체킹 서밋을 주도하고, 다양한 프로젝트를 통한 협업을 진행하면서 팩트체크 저널리즘 확산의 전진기지 역할도 맡고 있습니다. 현재 터키출신 팩트체커인 바이바르스 오르섹 국장을, 브라질 팩트체커 출신의 크리스티나 타르다퀼라가 부국장을 맡아 활동하고 있습니다. 두 사람은 2019년 말 한국을 방문해 국내 팩트체커들과 언론계 종사자들을 대상으로 팩트체크 기법 등을 소개하기도 했습니다.

　IFCN의 활동 목표는 크게 다섯 가지입니다. ▶전 세계 팩트체킹 동향을 관찰하고 그에 관한 기사를 포인터재단 팩트체킹 페이지에 게재 ▶팩트체커를 위한 훈련 프로그램 제공 ▶팩트체킹의 국제적 협력 ▶연례 국제 컨퍼런스(글로벌팩트체킹서밋)개최 ▶팩트체크 기관을 위한 강령 제공 등입니다. 특히 IFCN이 제공하는 팩트체크 강령은 전 세계 팩트체크 기관이나 팩트체커들이 지켜야 할 일종의 행동지침입니다. 2016년 6월 아르헨티나에서 열린 제3회 '글로벌 팩트체킹 서밋'에서 강령을 채택키로 결정한 뒤 일부 문구 수정 등을 거쳐 그해 9월 제정했습니다. 팩트체킹 강령Code of principles은 크게 5가지 원칙을 담고 있습니다. ▶불편부당성과 공정성 ▶정보원의 투명성 ▶자금과 기관의 투명성 ▶방법론의 투명성 ▶개방적이고 정직한 정정 등입니다.

팩트체커들의 강령이라고 박제화된 것은 아닙니다. 시대 변화에 따라 낡은 것은 사라지고, 새로운 내용들로 업그레이드되고 있습니다. 2019 APAC 트러스티드 미디어 서밋에서는 이 IFCN 준칙의 변경 사항이 처음 발표됐는데 다음과 같습니다.

- 준칙 준수 기관의 자격 : 최소 6개월 동안 일주일에 한 번 이상 팩트체크를 하고, 공공의 관심사를 다루는 기관일 것. 공공에 개방된 서비스를 제공해야 하며, 국가에 의해 통제되는 경우 승인 기관에서 제외함

- 팩트체크 대상이 되는 정보의 선정 방식 : '균형성'은 중요한 관심 대상이지만, 양쪽의 입장을 동일한 수로 다루는 기계적 균형은 오히려 잘못된 균형을 만들고 정직한 토론에 해를 끼칠 수 있음. 따라서 새로운 준칙은 각 기관이 선정한 주제의 기계적 균형을 과도하게 따지지 않기로 합의함

- 팩트체크 출처와 방법론의 기준 : 팩트체크 기관은 양질의 정보 출처를 활용해야 하며, 논쟁의 여지가 있는 증거일 경우 복수의 출처에 접근할 수 있도록 해야 함.

- 모회사의 준칙 준수 : 팩트체크 기관뿐만 아니라 기관의 모회사가 되는 미디어 기업 또한 정직하고 개방적인 정보 정정 원칙을 준수해야 함. 팩트체크 기관이 허위 정보와 싸우기 위해 노력함에도 그들의 모회사가 계속 허위 정보를 쏟아내는 자멸적인 상황을 방지하기 위함.

- 기관 검증 시스템의 강화 : 외부 평가자와 협력해 기관의 팩트체킹 결과물을 더 철

저히 검증하고, 기관이 제시한 팩트체크 결과물이 아니라 무작위 표본 추출로 선정된 팩트체크 결과물로 기관을 심사함

■ 독자 참여 : 독자가 팩트체크 기관의 검증 과정에 좀 더 관여할 수 있도록 함. 팩트체크 기관에 대한 IFCN의 평가 결과를 독자들도 볼 수 있도록 팩트체크 기관이 이를 웹사이트에 게시하도록 독려

여기에는 IFCN 준칙에 따라 세계 각 나라에서 실제로 팩트체크를 하면서 발생한 어려움과 고민들이 담겨 있습니다. 피터 쿤니프 존스 IFCN 상임고문은 "팩트체크 기관들이 직면하게 되는 새로운 문제가 발생함에 따라, IFCN 준칙 수정의 필요성이 제기돼 왔다"고 밝힙니다. 개정된 IFCN 준칙은 2020년 3월부터 적용되고 있습니다.

IFCN은 이를 근거로 인증절차도 시행하고 있습니다. 세계 각국에서 활동하는 팩트체크 기관이 IFCN에 팩트체크 강령을 준수하고 있다는 것을 증명하면 공식 인증기관이 되는 방식입니다. 인증을 받게 되면 IFCN 인증마크를 홈페이지에 표시할 수도 있습니다. 앞에서 잠깐 언급했지만 국내에서는 JTBC가 2020년 초 IFCN의 인증을 받았습니다.

저는 그동안 이런 저런 계기가 될 때마다 국내 팩트체크 기관들 가운데 인증을 받는 곳이 다수 나오길 간절히 희망한다고 밝혔었는데 참 다행스러운 일입니다. 국내 다른 팩트체크팀들도 한번 도전해 보길 강력 추천합니다.

팩트체크는
언론의 전유물 아니다

팩트체크가 진화하면서 이에 대한 생각도 많이 달라지고 있습니다. 우선 팩트체크가 다뤄야 할 영역이나 대상이 크게 확대되고 있습니다. 주요 정치인이나 유력인사의 주요 발언이나 주장에 대한 검증에서 출발했던 팩트체크는 더 이상 여기에 머물러서는 안된다는 인식이 커졌습니다. 일례로 코로나19의 경우 정치인 발언이라기보다는 사회 전반, 세계질서를 뒤흔든 거대 이슈였죠. 여기에는 참과 거짓이 숱하게 뒤섞여 있었습니다. 검증대상이 되는 것은 당연한 이치라 할 수 있습니다.

저널리즘의 교과서로 불리는 《저널리즘의 기본원칙》이라는 책이 있습니다. 빌 코바치와 톰 로젠스틸이 공동집필한 책으로, 한글 번역본도 있어 국내에서 언론인들과 학자들이 많이 인용하고 있습니다. 공동집필자 가운데 한 명인 미국언론재단API, American Press Institute의 톰 로젠스틸이 2017년 제4회 글로벌팩트체킹서밋에 참석해 기조연설을 통해 팩트체크의 과거 현재 그리고 미래에 대해 언급한 적이 있습니다.

로젠스틸은 팩트체크가 1980~90년대 '1.0 시대'를 거쳐 현재 다양한 기술이 접목된 '2.0 시대'를 살고 있다고 분석했습니다. 그리고 앞으로는 새로운 접근법을 통한 '3.0 시대'를 열어야 한다고 제안했는데요. 그가 제안한 팩트체크 3.0시대는 다름 아닌 '이용자 중심'입니다.

로젠스틸은 "팩트체크할 수 있는 정치인 말을 기다릴 것이 아니라 시민들이 알아야 할 것이 무엇인가로, '행위자 중심Actor Focused'이 아니라 '이용자 중심User Focused'으로 무게중심을 옮겨야 한다"고 주장했습니다. 다시 말해 인물 중심의 팩트체크에서 이슈 중심으로 바꿔야 한다는 것입니다. 궁극적으로는 팩트체크 역시 해설형 저널리즘이 돼야 한다고 주장했습니다.

이 같은 주장의 배경에는 정치인 발언 중심으로만 팩트체크를 하다 보면 필연적으로 정치공방이 뒤따를 수밖에 없다는 인식이 깔려 있습니다. 로젠스틸은 "현재의 정파적 대립 상태에서 사람들은 자신이 지지하는 후보가 팩트체크 당하는 것을 원치 않고, 상대 후보는 팩트체크 당하는 것을 원한다"며 "팩트체크가 현재의 사람 중심 접근이라면 필연적으로 자신의 정치적 선호에 따라 선택적으로 팩트체크를 수용하려는 정보 이용자들의 행동을 피할 수 없을 것"이라고 설명했습니다.

톰 로젠스틸은 2018년 10월 서울을 방문한 적도 있습니다. 서울 중구 프레스센터에서 열린 '2018 KPF 저널리즘 컨퍼런스'에 참석해 언론에 대한 인식 변화를 강조했습니다. 그는 "언론인은 더 이상 과거처럼 시민이 알아야 할 정보를 걸러서 보여주는 게이트 키퍼가 아니다"라며 "대신 언론은 사람들이 이미 알고 있는 사실에 대해 '주석을 다는 사람

Annotator'으로 역할이 변했다"고 강조했습니다. 그러면서 "과연 그것이 사실인지, 빠진 맥락이 없는지, 있다면 채워 넣어주는 것"이라고 덧붙였습니다. 바로 해설형 저널리즘인 것입니다.

이보다 한 걸음 더 나아가 시민이 직접 참여하는 팩트체크를 추진하고 사례도 있는데요. 스페인 유명 방송인이자 팩트체커인 아나 파스토르입니다. 그는 2013년부터 스페인에서 매주 일요일 저녁마다 방송된 팩트체크 생방송 프로그램인 '엘 오브제히보El Objetivo'를 직접 기획하고 진행했습니다.

그리고 6년 뒤인 2019년 파스토르는 새로운 프로젝트를 시작했습니다. '뉴트럴 에듀케이션Newtral Education'이라는 이름의 프로젝트인데요. 시민들이 직접 팩트체크할 수 있는 능력을 길러주는 데 초점을 맞춥니다.

그녀는 시민들의 비판적 사고력을 높이고 팩트체크 방법론에 익숙해지게 만들면, 팩트체커와 언론인에게 책임을 물을 수 있고 팩트체크의 투명성을 높이는 데 도움을 줄 것이라고 기대했습니다. 물론 만연해 있는 가짜뉴스에 대한 대응의 일환입니다. 그동안 검증한 내용은 웹사이트newtral.es에 게시되고, 소셜 미디어로도 쉽게 접근할 수 있습니다. 그녀는 이런 활동의 의미에 대해 "우리는 시민들이 스스로 팩트체크를 할 수 있고, 언론인들과 우리의 기사를 시민들이 팩트체크 할 수 있는 것이 매우 중요하다"고 말합니다.

언론 기사는 물론, 팩트체커가 이미 검증한 내용 또한 검증 대상이 될 수도 있음을 의미하는 것입니다. 언론이든 정치인이든 팩트체크 저널리즘에는 성역이 없는 셈입니다.

국내에서도 팩트체크는 점차 대중화되고 있습니다. 2020년 11월 12일 서울 목동 방송회관에서는 기자와 시민, 전문가가 함께 참여하는 팩트체크 오픈 플랫폼 '팩트체크넷Factchecker.or.kr'이 공식 출범했습니다.

팩트체크넷은 기자와 시민, 각 분야의 전문가가 협력해 허위조작정보를 검증하고 그 결과를 발표하는 온라인 플랫폼입니다. 방송기자연합회와 한국기자협회, 한국PD연합회 등 언론 3단체와 사회적 협동조합 '빠띠'가 컨소시엄을 구성해 설립했습니다. 팩트체크는 물론이고 미디어리터러시 관련 교육 정보를 제공함으로써 시민들이 팩트체크 역량을 강화하는 동시에 미디어를 이해하는 힘을 키울 수 있도록 기회를 제공하는 것을 목표로 하고 있습니다.

또 팩트체크넷에 참여한 기자와 언론사에게는 보다 정확하고 신속한 팩트체크가 이뤄질 수 있는 취재 지원 서비스와 도구가 제공되며, 시민과 소통하고 시민의 요구에 응답할 수 있는 기회가 될 것이라고 주최측은 설명했습니다.

팩트체크넷에서 직접 팩트체킹에 나서는 주체는 전문 팩트체커와 시민 팩트체커로 구분할 수 있습니다. 전문 팩트체커는 언론사 및 각 분야 전문가를 중심으로 구성됐습니다. 출범당시 KBS, MBC, SBS, YTN, EBS, MBN, 연합뉴스, 한겨레, 미디어오늘, 뉴스타파, 뉴스톱 등 11개 언론사가 참여했고, 4명의 변호사 자문을 바탕으로 법률 분야의 사실 검증을 하는 '로 체크Law check'까지 총 12개 채널이 플랫폼에 참여했습니다. 4명의 변호사 가운데 3명은 기자로서 활동한 경력도 갖고 있습니다.

시민 팩트체커는 방송기자연합회에서 실시한 팩트체크 관련 교육과정을 이수하거나 팩트체크 시민 공모전에서 수상하는 등 팩트체킹 역량이 인정된 시민과 학생들 가운데 시민 팩트체커 활동을 자원한 인원 33명을 선발했습니다. 이렇게 선발된 33명의 시민은 '시민 팩트체커'로서 플랫폼에 참여한 각 언론사 전문 팩트체커와 결합해 팩트체킹 협업체계를 만들었습니다.

각 팩트체크 채널의 구성원은 함께 검증 대상을 선정하고 검증을 위한 정보수집활동 및 조사를 실시합니다. 시민 팩트체커와 전문 팩트체커는 수집한 자료와 토론 내용을 바탕으로 팩트체크 결과물을 작성하며, 해당 결과물은 각 참여 언론사의 웹사이트에 게재된 후 인터넷 주소를 통해 플랫폼에도 공개되고 있습니다.

또한 팩트체크넷에 가입한 일반 시민은 플랫폼 내에서 검증하기를 희망하는 대상을 제보하거나, 조사가 이루어지고 있는 사안과 검증이 완료된 사안에 대해 댓글을 통해 의견을 제시하고 평가를 할 수 있습니다. 뿐만 아니라 각 채널이 유용하게 사용할 수 있는 팩트체킹 보조 도구와 취재 지원 서비스를 제공합니다. 우리나라에서는 처음으로 시도해보는 시민이 직접 팩트체크를 제안하고 검증까지 할 수 있는 모델인만큼 앞으로 어떻게 성장하고 발전해나갈지 관심있게 지켜봐야겠습니다.

코로나 협업과
노벨상

지금부터는 전 세계 팩트체커들이 어떤 식으로 힘을 모으고 협업을 하는지 조금 더 살펴보겠습니다. 가까운 예로는 코로나19가 있습니다. 코로나19에 대해 세계적 대유행팬데믹이 선포될 정도로 위기감이 고조되는 가운데, 허위 정보의 확산은 바이러스 못지않은 세계적 이슈로 떠올랐습니다. 어느 특정한 지역이나 나라만의 문제가 아니었습니다. 한국 역시 코로나19를 둘러싼 거짓정보가 심심찮게 등장한 것을 잘 알고 계시리라 생각됩니다.

협업의 첫 시작은 한 통의 이메일이었습니다. IFCN 부국장을 맡고 있는 크리스티나 타드다퀄라가 2020년 1월 24일 전 세계 팩트체커들에게 보낸 이메일입니다. 코로나19와 관련해 각 나라에서 일어나고 있는 허위조작 정보를 모으고 함께 검증하자는 취지였습니다.

여기에 많은 팩트체커들이 공감하고 협업을 시작했습니다. 프로젝트를 시작한 지 채 두 달도 되지 않아 45개국에서 100명 이상의 팩트체커들과 언론인들이 참여해 15개국 이상의 언어로 1,000건 이상의 검증 결과를 내놓았습니다. 검증한 내용은 소셜 미디어 등에 공개하는 것과 동시에 누구나 검증내용을 확인할 수 있게 해시태그 #Corona VirusFacts, #DatosCorona Virus를 공유하는 작업도 함께 했습니다.

검증한 첫 번째 결과물은 이메일을 보낸 지 일주일도 되지 않은 1월 28일 곧바로 공개했는데요. 코로나19를 둘러싼 몇 가지 유형의 허위 정보입니다. 대표적인 것이 바이러스 백신에 대한 것으로 이미 수년 전 치료제가 개발됐다는 내용입니다. 미국 3대 팩트체크기관인 폴리티팩트와 팩트체크 등이 이와 관련된 수십 개의 게시물을 검증해 사실이 아님을 밝혔습니다.

대만의 팩트체크 센터에서는 중국과의 인접성 때문에 사람들의 공포가 더욱 커지면서 잘못된 치료법이 횡행하고 있다고 밝혔습니다. 특히 아세트산, 스테로이드, 에탄올, 소금물 등은 효과가 입증된 방법이 아니라고 확인했습니다.

또 바이러스의 기원에 대한 괴담이나 음모론 역시 사실과는 거리가 멀다는 것이 팩트체커들의 공통된 검증결과입니다. 박쥐 스프를 먹은 사람들이 병에 걸렸다는 주장에 대해 브라질 팩트체크 기관인 아오스 파토스Aos Fatos가 거짓이라고 밝혔고, 바이러스 확산이 중국의 생화학 무기개발에 따른 것이라는 주장도 사실과 거리가 멀다고 판정했습니다.

크리스티나 타르다궐라 부국장은 "코로나 바이러스 자체만큼 빨리 확산되는 것은 이 치명적인 전염병에 대한 잘못된 정보"라며 "(코로나19 대응과정에서 보듯) 언론인들이 서로 경쟁하는 것을 줄여야 할 뿐 아니라 그만 두어야한다"고 말했습니다.

코로나 검증 프로젝트는 2020년 1년 동안 70개국 이상, 99개 팩트체크 기관이 참여해 1만 건이 넘는 팩트체크 결과를 내놓았습니다. 연대와 협업의 진가를 보여준 것이라 생각됩니다. 이런 노력의 결과로 IFCN의 '코로나 팩트동맹'은 2020년에는 파리평화포럼에서도 인정받았을 뿐만 아니라 2021년 1월에는 노벨평화상 후보에 지명되기도 했습니다. 그리고 이번에 최종적으로 노벨평화상을 받게 된 공동수상자 가운데 한 명인 마리아 레사가 설립한 필리핀의 온라인 탐사매체인 래플러는 IFCN 인증사이기도 합니다.

노르웨이 스케이 그란데 의원은 언론 인터뷰에서 이와 관련 "전쟁에서 최초의 희생자는 진실이다. 우리는 거짓에 대한 싸움이 매우 중요해진 시대를 살고 있으며, 이는 조 바이든이 연설에서 언급한 것이기도 하다. 올해 노벨 평화상에 팩트체커들을 후보로 지명했다. 그들은 우리의 지지를 필요로 한다"고 말했습니다.

전 세계 팩트체커들이 힘을 모으는 또 다른 예는 '국제 팩트체킹 데이 INTERNATIONAL FACT-CHECKING DAY'입니다. 매년 4월 2일 행사를 진행하는데 아마도 처음 들어보는 분들이 많을 겁니다. 전 세계 팩트체커들이 팩트체크 의미를 되새기고, 각 나라에 전파하기 위해 노력하는 일종의 글로벌 캠페인이자 축제입니다.

그런데 왜 4월 2일일까요. 그날이 바로 만우절 April Fool's Day 다음날이기 때문입니다. 국제팩트체킹데이는 2017년 4월 2일 처음 시작됐습니다. 2016년 전 세계 팩트체커들이 아르헨티나 부에노스아이레스에 모였습니다. '제3회 글로벌 팩트체킹 서밋'에 참석하기 위해서였는데 그 자리에서 팩트체커들이 '국제 팩트체킹 데이'를 만들자는 데 뜻을 모았습니다.

처음에는 개최 시기를 두고 두 가지 의견이 갈렸습니다. 하나는 각종 시상식이 열리는 연말에 하자는 것이었고, 다른 하나는 세계적으로 널리 알려진 만우절 바로 다음날 팩트체킹 데이를 열면 더욱 의미가 크지 않을까 하는 의견이었습니다. 워낙 팽팽하게 의견이 갈려 컨퍼런스가 끝난 뒤 참석자들이 각 국에 돌아가고 난 뒤 다시 의견을 취합했습니다. 그 결과 4월 2일로 낙점됐습니다. 다음 해인 2017년에 첫 행사를 진행했고, 2020년까지 모두 네 번의 팩트체킹 데이를 진행했습니다. 국제 팩트체킹 데이는 전용 홈페이지도 있고 관련된 다양한 자료

국제팩트체킹데이 이미지

다양한 교육자료가 있는 에듀체크 맵

를 모아두는 곳도 별도로 마련했습니다. 4년이 흐르면서 수백 건의 다양한 정보와 자료가 축적돼 있습니다. 참고하면 팩트체크에 대한 개념부터 현실 속에서 활용할 수 있는 다양한 팁을 얻을 수 있습니다. 교사들이 학생들을 가르치기 위한 자료들도 다수 있습니다. 특히 아르헨티나 팩트체커팀인 체케에도가 주도해서 만든 에듀체크맵educheckmap이 아주 유용합니다.

'글로벌 팩트체킹 서밋'을 아시나요

전 세계 팩트체커들이 매년 한 번씩 모이는 국제 행사가 있습니다. 각 나라의 팩트체크 경험을 공유하고, 달라진 미디어 환경 속에서 팩트체크를 어떻게 잘 할지 머리를 맞대고 고민하는 국제컨퍼런스 '글로벌 팩트체킹 서밋Global Fact Checking Summit'입니다. 2014년에 시작돼 지금까지 총 8회의 서밋이 열렸습니다. 3회부터는 '글로벌팩트3'이라는 약칭으로 부르고 있습니다. '글로벌팩트6'은 남아프리카공화국에서 열렸고, 7, 8회 서밋은 코로나 여파로 온라인으로 진행됐습니다.

'글로벌팩트'는 전 세계에 흩어져 있는 팩트체커들이 한 자리에 모여 좀 더 나은 방식의 팩트체크를 고민하는 집단지성의 현장입니다. 이곳에서 결정한 것이 국제 팩트체크 네트워킹IFCN 창설, 국제팩트체킹데이IFCD 제정, 팩트체커 원칙강령CODE OF PRINCIPLES 제정 등 굵직굵직한 내용들입니다. 매년 장소를 옮겨가며 개최하는 행사의 규모와 급증하는 참석자들의 면면만 봐도 성장세를 바로 느낄 수 있습니다.

2014년 6월 8~10일까지 2박3일 일정으로 영국 런던에서 열린 1회 서밋 참석자는 48명 남짓했습니다. 런던 정경대LSE 강의실에 모인 참석자들은 그리 많지 않은 숫자에도 불구하고 첫 행사를 무사히 치르고 IFCN을 창설하기로 결의하는 등 사기가 충천했습니다. 마치 삼국지의 유비 관우 장비가 도원결의를 하는 듯한 분위기였죠. 1년 뒤인 2015년 7월 런던에서 다시 열린 2회 서밋 참석자는 60명으로 늘었습니다. 2회 서밋에서는 각 나라에서 팩트체크를 진행하면서 달라진 다양한 성공사례를 공유하며, 전사들이 경쟁적으로 무용담을 하는 듯한 장면이 펼쳐지기도 했습니다. 2016년 3회 서밋에서는 많은 것이 달라졌습니다. 개최장소는 영국을 벗어난 아르헨티나 부에노스아이레스에 있는 토르쿠아토 디 텔라 대학 강당이었습니다. 그리고 컨퍼런스 명칭도 '글로벌 팩트3'라는 약칭을 쓰기 시작했습니다.

시대적 환경도 분위기를 바꿨습니다. 당시 미국 대통령 선거가 세계적인 관심을 모았는데요. 트럼프 같은 후보가 나오면 팩트체크를 아무리 열심히 해도 무용지물이 아니냐는 우려가 컸습니다. 검증을 통해 사실이 아니라고 밝혀도 워낙 뻔뻔스럽게 자기주장만 반복했기 때문이죠. 그러나 팩트체커들은 그럴수록 더욱 더 사실관계를 분명하게 가려 유권자들이 올바른 선택을 할 수 있도록 돕는 것이 중요하다는 데 의견을 같이 했습니다.

4회 서밋은 스페인 마드리드에서 열렸습니다. 마드리드 구글 캠퍼스에서 열렸는데, 200명 가까운 참석자가 모였습니다. 이때는 팩트체커나 언론계, 언론학자들뿐만 아니라 구글, 페이스북 등 세계적인 플랫폼 사업자들이나 IT전문가들이 대거 참석해 달라진 위상과 팩트체크에 대한 관심을 확인할 수 있었습니다. 이 때문인지 4회 서밋에서는 새로운 기술을 팩트체크와 접목하려는 다양한 시도가 소개됐고, 경쟁관계에 있는 언론사들이 공동으로 모여 함께 팩트체크를 하는 협업사례도 많은 관심을 모았습니다. 우리나라에서도 꼭 한 번쯤은 시도해 볼만한 사례가 아닌가 싶습니다.

제5회 서밋은 2018년 이탈리아 로마 세인트스테판 스쿨에서 56개국 225명의 참가자들이 참석한 가운데 성황리에 열렸습니다. 5회 서밋에서는 가짜뉴스에 대응하기 위한 전 세계 팩트체커들의 협업과 연대 등이 주요한 관심사가 됐습니다. 프랑스 보도채널인 '프랑스 24'와 다른 나라 회원들이 함께 만든 네트워크인 '옵저버'는 검증이 필요한 사진이나 영상을 올리면 5천여명의 회원들이 집단지성을 발휘해 검증하는 방식입니다. 또 조작된 동영상을 가려내는 인비드InVid 프로젝트 역시 날로 진화하는 가짜뉴스 기술에 맞선 팩트체커들의 노력의 일환으로 소개됐습니다.

6회 서밋은 2019년 남아프리카공화국 케이프타운대학에서 55개국 146개 팩트체크 기관에서 활동하는 팩트체커들과 언론인, 미디어전문가, 플랫폼 관계자 등 250여명이 참가한 가운데 열렸습니다. 급증하는 가짜뉴스 등에 대한 국경을 넘는 협업, 그리고 인공지능AI을 팩트체크에 접목하기 위한 시도 등이 눈길을 사로잡았습니다.

여기서 영국 팩트체크기관인 풀팩트Full Fact는 AI를 활용한 팩트체크 기술을 시연했습니다. 예를 들어 2010년 이후 실업률이 8% 하락했

2019년 남아공에서 열렸던 제6회 글로벌팩트체킹서밋

다는 정치인 발언을 들려주자 AI가 3초 만에 영국 통계청 자료를 확보
해 띄워주며 '사실'로 표시했습니다. 풀팩트의 매반 바바카는 "음성인
식 기술로 변환한 주장들을 실시간으로 스트리밍하고 이미 팩트체크
한 결과가 데이터베이스에 있으면 결과를 바로 표시해 준다"고 설명했
습니다.

또 아르헨티나 대표 팩트체크기관인 '체케아도Chequeado'는 AI를 활
용해 팩트체커들의 활동을 돕는 팩트체크로봇 '체케아봇Chequeabot'을 시
연해 보였습니다. 트위터 상에 구현된 '체케아봇'은 아르헨티나 대통령
의 인플레이션 관련 발언을 팩트체크 해달라는 이용자 요청에 자동으
로 답했습니다.

정치인 얼굴을 분석해 팩트체크에 활용하는 기술도 선보였습니다.
'팩트스퀘어드Fact squared'는 AI를 이용해 트럼프 대통령의 SNS와 책, 인터뷰, 음성, 영상 등을 모아 이른바 '트럼프 데이터'를 구축했습니다. 이런 축적된 데이터를 기반으로 정치인의 표정이나 목소리를 분석해 그들이 무엇을 감추려 하는지 파악하는 기술입니다.

이처럼 허위조작정보, 가짜뉴스가 날이 갈수록 교묘해지고 지능적으로 바뀌고 있는 만큼 이를 검증하는 팩트체크 역시 한걸음 더 앞서나가야 한다는 데 많은 참석자들이 공감했습니다.

2020년 제7회 서밋은 코로나19 여파로 당초 예정했던 노르웨이 오슬로에서 개최하지 못하고 전과정을 온라인으로 개최했으며, 2021년 가을에 열린 제8회 서밋 역시 온라인으로 진행됐습니다. 코로나를 극복하고 전 세계 팩트체커들이 다시 머리를 맞대고 서로의 경험과 노하우를 그리고 안부를 직접 물을 수 있는 날이 하루 빨리 왔으면 좋겠습니다.

전문가가 알려주는
팩트체크 노하우

지금부터는 팩트체크를 어떻게 하는지 간략하게 알아보겠습니다. 팩트체커들이 알려주는 중요한 원칙과 방법을 알아두면 직접 팩트체크할 때 요긴하게 쓸 수 있습니다.

2019년 12월 2일 서울 중구 한국프레스센터에서 의미있는 워크숍이 열렸습니다. 서울대 언론정보연구소 산하 SNU팩트체크센터가 IFCN과 공동으로 진행한 워크숍입니다. 이날 행사에는 IFCN의 바이바르스 오르섹 국장과 크리스티나 타르다길라 부국장이 직접 참석해 강의와 토론을 이어갔습니다.

이날 워크숍 주제는 ▶팩트체킹의 기본개념 ▶소셜 미디어와 메시지 앱에서의 팩트체킹 ▶허위 이미지와 사진 검증 방법 ▶다른 기관 간의 협력적 팩트체크 등이었습니다. 이 가운데 바이바르스 오르섹이 강의한 팩트체크 방법론에 대해 간단히 소개하겠습니다.

팩트체크는 일반적으로 찾기Find → 확인Check → 정정Correction의 과정을 거칩니다. 이 가운데 팩트체크 될 수 있는 주장을 분리하는 것이 첫 단계인 '찾기'입니다. 의견과 사실은 구분됩니다. 의견은 검증할 수 없고, 사실은 검증 가능합니다. 의견 속에 사실관계가 포함된 경우에도 이를 검증할 수 있습니다. 두 번째 '확인'을 위해 팩트를 검증하기에 가장 적합한 원출처Source를 결정합니다. 마지막 '정정' 단계에서는 평점을 매기는 방법 등을 활용해 주장과 증거를 평가하고 수정합니다.

바이바르스 국장은 또 팩트체크를 위한 몇 가지 원칙을 소개했는데 다음과 같습니다.

- 주제에 대해 가능한 전부를 읽으세요.

- 도움이 될만한 공식 데이터베이스를 찾으세요.

- 일부 국가들에는 정보의 자유에 관한 법이 있습니다. 그것을 이용하세요.

- 홍보실이나 당신이 팩트체킹하려는 대상에게 문의하세요.

- 컴퓨터 앞에서 떠나세요. 사람들을 인터뷰하고 현장을 방문하세요.

- 전문가에게 문의하세요. 당신은 맥락 (context)이 필요할 수 있습니다.

- 게시하고 배포하는 방법을 계획하세요.

다른 전문가의 충고도 참고할 만합니다. 특히 미국언론재단API이 알려주는 팩트체크 작성 가이드라인이 좋은 지침이 될 수 있습니다. API는 팩트체크를 위한 핵심지침으로 세 가지를 꼽았습니다. 투명성, 단어, 체크리스트 입니다.

투명성은 당신이 왜 팩트체크를 했고 어떻게 했는지 말해주는 것이라고 설명합니다. 단어는 하나의 단어가 발언의 의미를 왜곡할 수 있기 때문에, 팩트체크에서는 각각의 단어에도 집중하는 것이 중요하다고 강조합니다. 체크리스트는 각 팩트체크의 오류를 막아주고, 일관된 품질을 제공하는 프로세스라고 설명합니다.

그렇다면 팩트체크를 위한 체크리스트는 어떤 게 있을까요? 몇 가지 핵심만 소개하면 다음과 같습니다.

- 검증하려는 발언의 단어 하나하나를 그대로 포함시켰는가

- 왜 이 발언이 검증대상으로 선정되었는지 설명했는가

- 사용한 모든 사실 정보의 출처를 밝혔는가

- 검증한 발언을 반박하거나 지지할 최소한 두 개의 독립적이고 검증된 출처가 있는가

- 분류(판정결과)에 대한 이유를 명확하게 밝혔는가

- 판정 결과는 글의 서론에 간단히 언급돼 있고, 결론에 더 구체적으로 제시되어 있는가

- 당신이 사용한 출처들의 링크와 당신이 검증한 발언의 링크를 포함시켰는가

이런 체크리스트를 옆에 두고 빠진 것은 없는지 꼼꼼히 점검하다보면 어느 순간 진실의 실체에 한 걸음 더 다가와 있는 자신의 모습을 발견할 수 있을 것입니다.

미국 3대 팩트체커기관이 제시하는 원칙과 기준을 한국언론진흥재단이 국내 실정에 맞게 재정립한 팩트체크 가이드라인 〈팩트체크 저널리즘의 주요원칙〉도 유용합니다. 특히 8개로 간추린 주요원칙은 팩트체크에 입문하는 사람이나 현재 팩트체크를 담당하고 있는 언론인

그리고 팩트체크에 관심있는 사람이라면 누구나 새겨들을 만한 내용입니다.

- 검증 대상은 사실 여부를 가릴 수 있는 것이어야 한다.

- 조사는 발언자로부터 시작한다.

- 조사의 출처는 편중되지 않아야 한다.

- 증거는 물적토대를 가진 것이어야 한다.

- 최대한 익명 인용을 배제한다.

- 자료의 출처를 독자들에게 투명하게 밝힌다.

- 판정결과는 가장 나중에 밝힌다.

- 오류는 공개적으로 즉각 수정한다는 것입니다.

컨퍼런스에서 소개된
팩트체크 노하우

가짜뉴스에 대항하고, 효과적으로 팩트체크 하기 위한 연대와 협업은 각양각색의 형태로 진행됩니다. 아시아권에서는 'APAC 트러스티드 미디어 서밋 2019APAC Trusted Media Summit 2019'에서 다양한 사례와 노하우가 전수되기도 했습니다.

IFCN과 퍼스트드래프트, 구글이 주최한 이 서밋은 2018년 싱가포르에서 처음 시작된 컨퍼런스입니다. 2019년 12월 싱가포르에서 열린 2회 서밋에서는 각국의 팩트체커, 언론인, 플랫폼 및 정부기관 종사자 등 200여명이 모여 허위조작정보에 대항하기 위한 다양한 아이디어를 쏟아내고 팩트체크 노하우도 공유했습니다. 이곳에서 소개된 팩트체크 노하우입니다.

첫 번째는 **도구**Tool를 이용하는 것입니다. 인터넷에서 돌아다니는 영상과 이미지, 정보들이 사실인지 아닌지 확인하기 위해 활용할 수 있는 여러 도구가 있습니다. 예를 들어 이미지의 메타데이터를 보는 '익지프

데이터 뷰어EXIF Data Viewer'를 통해 해당 이미지가 언제, 어디서 찍혔는지 살펴볼 수 있습니다. 구글의 '이미지 검색' 기능은 이미지의 원출처를 확인하는데 유용한 도구입니다.

영국의 온라인 탐사매체 벨링캣에서 활동하는 크리스티안 트리에베르도 팩트체크를 위한 검증도구를 총망라해 구글 문서로 공개했습니다. 일명 '벨링캣의 온라인 검증 도구 키트Bellingcat's Online Investigation Toolkit'입니다. 해당 문서에 꼭 접속해 허위 정보를 검증하기 위해 어떤 도구들을 활용할 수 있을지 찬찬히 살펴보길 권합니다.

두 번째는 허위 정보가 **티핑 포인트**(Tipping Point, 어떠한 현상이 서서히 진행되다가 작은 요인으로 한순간 폭발하는 지점)를 넘기 전에 잡아야한다는 것입니다. 허위 정보는 일정한 선을 넘으면 순식간에 확산됩니다. 사람들이 허위 정보의 단순하고Simple, 강력한Powerful 내러티브에 취약하기 때문입니다. 티핑 포인트를 넘은 허위 정보는 이후 팩트체킹이 이뤄져도 소용없는 상황을 만들어내는 경우가 많습니다. 따라서 페이스북의 크라우드탱글과 같은 도구를 통해 어떤 허위 정보 콘텐츠가 빠르게 확산되고 있는지 지속해서 모니터링할 필요가 있습니다.

세 번째 팩트체크 콘텐츠는 **맥락**에 대한 정보도 담아야 한다는 것입니다. 허위 정보가 사실이 아니라는 정보를 제공할 때는 단순히 팩트체킹된 사실만 제공할 것이 아니라, 사람들이 왜 이 허위 정보를 퍼뜨리고 있는지, 어떤 정보가 사실이고 사실이 아닌지에 대한 상세한 내용을 함께 제공해야 합니다. 허위 정보가 어떠한 의도로 만들어지고, 왜 퍼지고 있는지에 대한 정보 또한 독자에게 제공해야, 독자들이 비슷한 유형의 또 다른 콘텐츠에도 경계심을 갖습니다.

네 번째는 팩트체크 콘텐츠가 역으로 **허위 정보를 퍼뜨리는 확성기**가 되어서는 안 된다는 것입니다. 예를 들어 허위 정보가 퍼진 경로를 언급하며 해당 웹사이트 링크를 달아놓는 기사들이 있는데, 이러한 기사가 오히려 독자들이 이 웹사이트를 접하게 하는 경로가 될 수 있습니다. 또 허위 정보 조작자들은 기억에 오래 남는 '구호'와 같은 용어들을 이용해 허위 정보를 퍼뜨리는 경우가 많은데, 언론은 이들이 쓰는 용어를 그대로 받아쓰지 않도록 조심해야 합니다.

마지막은 **취재와 팩트체크**를 분리해야 한다는 것입니다. 기자가 취재하면서 팩트체크까지 하는 것은 사실상 불가능합니다. 만약 한 언론사에서 팩트체크를 진행하고 싶다면 별도의 팀을 꼭 따로 만들 것을 권장합니다. 또 기자가 취재하면서 팩트체킹을 하게 된다면, 취재 과정에서 저지른 본인의 실수를 숨기려 할 수 있습니다. 허위 정보의 확산에 대항해 팩트체크를 진행하고, 대중들의 인식을 바꾸기 위해 사실을 발굴해내는 이 모든 과정은 각국 현장에서 생각보다 더 치열하고 급박하게 이뤄지고 있었습니다. 허위 정보와의 '전쟁'이라는 표현이 어울릴 정도입니다. 홀로 이 전쟁에서 승리하긴 매우 힘듭니다. 허위 정보를 퍼뜨리는 이들은 연대하고, 조작 수법을 공유하고, 막대한 투자를 통해 전문 지식을 학습하고 있기 때문입니다. 플랫폼과 언론, 그리고 전 세계 팩트체크 기관이 머리를 맞대어 허위 정보의 문제를 고민할 기회가 소중한 것은 바로 이런 이유 때문입니다.

쉽게 따라 하는 팩트체크

아프리카 대륙의 대표적인 팩트체크 기관으로 '아프리카체크Africa Check'가 있습니다. 2012년 설립된 비영리단체 아프리카체크는 남아프리카공화국, 나이지리아, 세네갈 등에 사무실을 두고 영어 및 프랑스어로 검증 결과물을 공표하고 있습니다. 이들은 남아공의 범죄와 인종문제부터 나이지리아의 인구문제, 아프리카 주변국의 가짜 건강치료법에 이르기까지 다양한 주제에 대한 검증을 해왔습니다. 이들의 활동은 아프리카는 물론이고 유럽 전역의 언론매체들이 다룰 정도로 영향력이 큽니다.

일례로 남아공에서는 주요 정당에서 연설할 때 연설 내용을 뒷받침하는 소스 리스트도 함께 제공하는데 이를 흔히 '아프리카체크 답변 양식'이라 부를 정도입니다.

아프리카체크에서 이해도를 높이기 위해 인포그래픽으로 만들어 제공한 간단한 팩트체크 절차도 유용합니다. 예스-노 게임처럼 질문을 던진 뒤 예-아니오 답변에 따라 각각의 경로를 안내하고 있습니다. 그 절차를 한번 따라가 보겠습니다.

　단계를 시작하기 전 첫 번째 질문은 '그것은 사실입니까?'입니다. 만약 '예'라면 다음 단계를 진행합니다. 만약 '아니오'라면 더 이상 팩트체크를 할 필요가 없습니다. 그것은 단순한 의견이나 주장에 불과하기 때문입니다. 이런 식으로 예/아니오를 하나씩 짚어가면서 결론에 이르러 결과가 사실로 나타날 경우에만 이를 게시하거나 공유하는 것을 권장하고 있습니다.

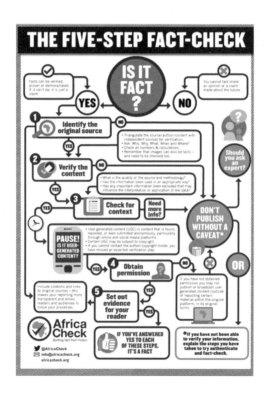

5가지 단계는 ▶**원출처 파악** ▶**내용 확인** ▶**맥락 확인** ▶**허락을 얻어라** ▶**독자를 위한 증거를 제시하라** 순서입니다. 그리고 각 단계마다 점검해야 할 원칙이나 기준도 함께 제시하고 있습니다. 가령 1단계에서 2단계로 진행하려면 다음과 같은 질문에 대해 점검하도록 합니다.

- 출처/저자/내용을 독립된 출처와 삼각측량해 확인한다.
- 질문한다; 누가, 왜, 뭐, 언제, 어디서?
- 모든 수치와 계산을 확인한다.
- 이미지 또한 사실일 수 있지만 반드시 확인되어야 한다는 점을 기억하라.

앞에서도 언급한 미디어 스마트는 '1분 안에 진행하는 4가지 팩트체크 기법'을 소개하기도 했습니다. 사실 팩트체크는 속도보다는 정확성에 더 무게를 두고, 더 많은 시간과 노력을 투자해야 하기 때문에 '1분 팩트체크'는 어폐가 있습니다. 다만 미디어 스마트가 이런 팁을 제시하는 이유는 간단한 온라인 정보의 진위여부를 판별하는 등의 활동은 기본 수칙만 잘 숙지하고 있으면 실제로 1분 만에 확인이 가능하다는 차원에서입니다.

미디어 스마트가 제시하는 1분 팩트체크 비법을 보면 우선 **팩트체크 툴(도구)**을 활용하는 것이고, 다른 팩트체커가 이미 작업을 완료했는지 먼저 확인합니다. 그다음이 **출처** 찾기입니다. 소셜 미디어 게시물의 헤드라인이나 사진만 보고 신뢰하면 안 됩니다. 그 대신 다음과 같은 절차를 밟아야 합니다.

- 포스트의 실제 링크를 클릭합니다(일반적으로 이미지 아래).

- 그 링크는 원래 텍스트로 연결되므로 믿을 만한 출처에서 나온 것인지 알 수 있습니다.

- 링크가 없으면 텍스트의 키워드를 구글 등에서 검색해 원래 어디서 왔는지 찾아봅니다.

그리고 **소스**를 확인합니다. 믿을 만한 웹사이트나 뉴스 매체에서 나온 이야기인지 어떻게 알 수 있을까요. 검색포털에 출처 이름을 입력합니다. 그리고 그들이 진짜인지 또 좋은 기록을 가지고 있는지 살펴보는 것입니다.

마지막은 **다른 소스**를 확인하는 것입니다. 뉴스를 볼 때 한 매체만 보는 것이 아니라 다른 언론사에서도 같은 내용을 보도하고 있는지 확인하는 것입니다. 때로는 이것이 어떤 것이 사실인지 확인하는 가장 쉬운 방법입니다.

미국 산타클라라대학교scu에서 만든 팩트체크 가이드는 이해하기 쉬우면서도 도움이 됩니다. SCU는 출처의 신뢰성을 평가할 때 다음과 질문을 고려하라고 설명합니다.

우선 **당신의 렌즈는 무엇인지** 자문하는 것입니다. 개인적인 배경을 반영하고 그것이 출처에 대한 해석에 미치는 영향을 고려해야 합니다. 다음은 그것은 **어디에서 왔는지** 묻습니다. 이를 통해 게시자의 편견, 광고의 양, 출처의 목적을 고려합니다. 그리고 **어떻게 쓰여 있는지** 확인합니다. 제시된 자료의 품질과 편견을 평가합니다. 또 **저자**는 누구인지 확인합니다. 저자의 배경, 전문지식 및 목적을 조사하여 신뢰도와 잠재적 편견

산타클라라 대학교가 만든 팩트체크 가이드

을 평가합니다.

이어서 **지지를 받는 내용인지** 확인합니다. 텍스트가 믿을 만한 출처를 명확하고 정직하게 그려내는지 고려해야 합니다. 마지막은 도움말을 찾을 수 있는 독립된 팩트체크 웹사이트나 캠퍼스 사서들에게 연락을 취하는 것입니다.

SCU는 특히 첫 번째와 두 번째 질문을 통해 우리가 세상을 바라보는 관점에 대해 다시 한 번 각성을 촉구하고 있습니다. 정보를 수용하는 사람들 입장에서는 스스로 세상을 보는 렌즈가 어떤지 그것이 혹시나 정보를 받아들이고 이해하는데 어떻게 영향을 미치는지 살펴보라고 충고합니다. 두 번째 질문은 수용자가 아니라 생산자의 관점을 잘 살펴 도록 조언합니다. 혹시나 생산자가 잘못된 편견에 사로잡혀있지는 않 은지 아니면 또 다른 이해관계(자본이나 정치권력 등)를 대변하고 있지는 않은지 잘 가려야 한다는 것입니다.

세계적 통신사의
팩트체크

세계적인 통신사들도 팩트체크에 많은 노력을 기울이고 있습니다.

먼저 180년 전통의 글로벌 뉴스 통신사인 AFP 사례입니다. AFP는 '팩추얼Factuel'이라는 별도의 팩트체크 코너를 만들어 다양한 활동을 하고 있습니다. 특히 최근에는 아시아권 독자들을 대상으로 한 팩트체크도 강화하고 있습니다. 한국어 버전의 AFP 팩트체크도 그중 하나입니다. AFP 팩트체크에는 팩트체크를 하는 이유와 목적 그리고 방법론까지 자세하게 소개하고 있습니다. 팩트체크에 관심이 있는 개인이나 국내 팩트체크 기관, 언론에서도 참고할 만한 대목들이 많습니다.

"AFP는 인터넷상에서 급속히 퍼지는 허위 정보에 대응해 2017년 프랑스 대선 당시의 크로스체크 프로젝트를 기반으로 팩트체킹 웹사이트를 개설했습니다. 팩트체크팀의 목표는 소셜 미디어, 기사, 동영상, 성명서 등 인터넷상에 있는 정보에 대해 사람들과 세계 각국의 뉴스룸이 사실을 바탕으로 판단하도록 돕는 것입니다."

이 웹사이트에서는 독자 스스로 팩트체크 할 수 있는 정보, 프로그램, 비법 등이 공유됩니다.

또 팩트체크 기사는 AFP통신의 편집 기준과 주요 원칙에 따라 전문 에디터들과 세계 각지에 있는 기자들이 작성합니다. 주목받는 정도, 공유된 횟수, 사회적 논란 여부 등을 기준으로 팩트체킹 할 대상을 선별합니다. "정치적, 상업적, 사상적 영향을 받지 않는 독립적인 목소리"라는 'AFP 선서'처럼 모든 팩트체크 기사는 정확하고 편향되지 않은 공정 보도를 추구합니다.

또 AFP는 국제팩트체킹네트워크IFCN 성명에 동의했습니다. 성명 내용처럼 AFP 팩트체크팀은 편견 없이 공정한 보도, 정보원 사용 여부, 후원금 제공자 및 소속 단체, 팩트체킹 방식 공개, 공개된 오보 정정을 원칙으로 합니다.

모든 팩트체크는 에디터의 지도 아래 저널리스트의 지식과 AFP가 보유한 자료 중심으로 조사합니다. 그 외에는 공개된 객관적인 정보만 참고 자료로 이용합니다. 이처럼 인용된 정보는 누구나 볼 수 있도록 링크를 걸어놓습니다. 조사 단계에서 허위 정보가 삭제되거나 수정되는 것을 막기 위해 웨이백머신 등의 프로그램을 이용해 원본 수집을 원칙으로 합니다. 이는 허위 정보가 공유된 웹사이트나 소셜 미디어 사이트에 방문자 수가 많아지는 것을 방지할 수 있습니다.

AFP 팩트체크팀은 간혹 전문 지식이 없는 분야를 조사할 경우 인터넷과 전화만으로는 부족해 현장 취재를 합니다. 이럴 땐 전 세계에 있는 AFP 기자 중 특정 분야, 지역, 언어 전문가들과 함께 기사를 작성합니다. 예를 들면 2018년 7월, 한 동영상이 인터넷에 급속히 퍼졌습니다. 영국 런던의 한 병원에서 사우디아라비아 출신 남성이 병원 직원을 폭행하는 사건이라는 주장이었습니다. 하지만 조사 결과 이 동영상이 쿠웨이트에 있는 어느 동물병원에서 일어난 사건이라는 것을 알아냈고, 현지 기자가 병원을 방문해 현장을 확인하고 실제 사건의 피해자인 수의사와 인터뷰까지 했습니다.

모든 팩트체크 기사는 기자들이 작성하고 에디터의 점검을 받은 후 게재됩니다. 팩트체크 기사에 오류가 발견되면 정정 보도를 냅니다. 기사 아래 '정정 보도CORRECTION'라는 표시와 함께 수정된 날짜와 내용을 공개합니다. 내용이 수정되거나 추가되면 기사 아래 '수정EDIT' 표시를 붙입니다. 많은 오류가 발견되면 기사를 삭제하고 설명문을 냅니다.

AFP는 모든 팩트체크 기사에 #클레임리뷰Claim Review 프로그램을 사용합니다. 허위 주장 내용, 허위 주장을 공유한 인터넷 유저, 주장의 사실 여부 등을 프로그램에 입력해 구글과 빙 등 검색엔진에서 팩트체크 기사가 쉽게 검색되도록 합니다. AFP는 페이스북의 서드파티 팩트체킹 프로그램third-party fact-checking programme과 함께 합니다.

페이스북은 특정 콘텐츠의 팩트체크를 AFP에 요청하고 이를 팩트체크 팀이 '거짓'으로 판단하면 해당 콘텐츠를 사람들이 보기 어렵게 '다운그레이드' 시킵니다. 그러나 삭제되지는 않습니다. 이것만이 아닙니다. AFP는 허위 정보 뿌리찾기라는 코너를 통해 가짜뉴스를 걸러내는 구체적인 방법도 공개하고 있습니다.

미국 기반의 AP통신 역시 'AP 팩트체크AP factcheck'라는 별도 코너로 팩트체크를 일상화하고 있습니다. AP 팩트체크가 어떻게 팩트체크를 하고 있는지를 소개한 글도 참고할 만합니다.

AP통신은 팩트체크에 대해 다음과 같이 설명합니다.

"1846년 AP통신이 설립된 이래로, 정확한 사실 확인은 우리의 핵심 임무였습니다. 공인이 뭔가 의심스러운 것을 말할 때, 그것을 조사하고 확인된 사실을 제공하는 게 우리의 일입니다. 뿐만 아니라 거짓 정보가 온라인상에서 인기를 얻을 때, AP통신은 사실 정보를 알려주는 별도의 팩트체크 항목을 두고 있습니다. 'AP 팩트체크'에서 여러분은 이런 이야기를 확인할 수 있습니다. 우리는 매주 소셜 미디어에 확산된 거짓 정보를 점검할 것입니다."

이와 함께 2017년 2월 1일 당시 존 다니슈우스키 부사장이 직원들에게 보낸 메모에는 이 같은 내용이 보다 풍부하고 구체적으로 담겨 있습니다. '우리는 무엇을 왜 팩트체크 하는가'라는 제목의 메모입니다.

" 모두들 최근 '가짜 뉴스'를 둘러싼 논란을 알고 있을 것입니다. 웹과 소셜 미디어에서 뉴스의 진실성이 공격받고 있는 현실이 우려스럽습니다. 우리는 우리의 경험을 통해, 정치인과 공인들이 그들의 말에 책임지게 하는 이야기(콘텐츠)에 대한 욕구가 엄청나다는 것을 배워왔습니다. AP에서 우리는 항상 '세상에 진실을 알린다'는 임무를 지니고 있습니다. 팩트체크는 이를 위해 중요합니다. 우리는 페이스북과 제휴해 소셜 플랫폼에 퍼진 잘못된 정보를 찾아내 폭로하는 신뢰받는 단체에 속해 있고, 이런 노력이 긍정적인 효과를 거두고 있습니다. 그러므로 지금은 우리의 팩트체크 정책과 관행을 검토하기에 좋은 시기입니다.

'무엇을 왜 팩트체크하는가'

일반적으로 두 가지 범주가 있습니다. 먼저, 우리는 정치적 해석, 과장, 거짓을 몰아냅니다. 전통적인 'AP 팩트체크'는 워싱턴에서 대통령, 후보자들, 정치인 및 고위 관료들의 연설을 보면서 시작됐습니다. 주(State)와 유엔과 같은 국제기구의 지도자 연설에 대해서도 사실 여부를 조사했습니다.

우리는 또 오보와 최근 증가하는 '가짜뉴스'의 정체를 밝힙니다. 우리는 의도적으로 꾸며진 정보, 왜곡된 정보, 명백한 거짓임에도 뉴스 소비자들에게 진실처럼 전달되는 정보에 해당하는 모든 종류의 텍스트, 사진, 비디오를 확인하고 그 정체를 폭로하길 원합니다. 가령, 2016년 프란치스코 교황이 도널드 트럼프를 공식 지지 선언했다는 이야기가 있었습니다. 전혀 사실 무근이었지만 많은 사람들이 믿었습니다."

다니슈우스키 부사장은 팩트체크 주요 규칙 및 지침에 대해서도 다음과 같이 구체적으로 언급했습니다.

- 우리가 옳다는 것을 확실히 하라. 우리가 확신하지 못하는 어떤 것도 팩트체크 됐다고 말하지 말라.
- 관련성과 중요성에 따라 아이템에 우선순위를 매겨라. 우리가 모든 거짓말을 체크할 수 없다. 중요한 것에 집중해야 한다.
- 짧게 쓰라. 리드에는 팩트체크 대상이 된 주장을 제시하고, 그것이 왜 거짓인지를 재빨리 서술해야 한다. 검증 대상에 관한 정확한 인용이 필요하다. 이후 우리가 찾은 사

실 정보와 근거를 쓰라.

- '의견'이 아닌 '사실' 검증에 집중하라. 개인의 취향과 선호는 비주류일 수 있지만, 의견으로서 그것들은 팩트체크 대상이 아니다.

- 우리의 판단이 흑백으로 딱 떨어질 필요는 없다. 팩트체크 대상은 광범위한 정확성 검증을 따르고, 우리는 팩트체크 판단을 내릴 때 엄격한 등급 척도를 사용하지 않는다. 거짓(false), 과장된(exaggerated), 늘어난(stretch), 선택적인 자료 사용(selective use of data), 부분적 사실(partly true) 등으로 분류할 수 있다. 우리는 우리가 확실히 아는 근거들로 가장 적절한 설명을 제공해야 한다.

- AP 내부의 전문 지식을 활용하라. 정치 분야에서 과학, 스포츠, 의학 분야에 이르기까지 AP통신의 전문 기자들은 우리가 가진 가장 좋은 자원이다. 이를 활용해 확실한 진실 검증을 할 수 있다.

AP통신의 팩트체크 지침 가운데 관련성과 중요성에 따라 아이템에 우선순위를 매기라는 대목이 무척 인상적입니다. 실제 넘쳐나는 모든 정보를 전부 팩트체크 하는 것은 무모할 뿐 아니라 불가능하기 때문입니다. 팩트체크를 하는 과정에서 우리 삶과 얼마나 관련이 깊은지 그리고 그것이 우리 삶에 미치는 영향이 중요한지를 깨닫는 것은 매우 훌륭한 팩트체크 습관일 뿐 아니라 효율성을 위해서도 꼭 기억해야 할 대목입니다.

검증대 오른
한국 이슈

팩트체크가 활성화되고 연대와 협업이 빈번해지면서 생겨난 새로운 현상이 있습니다. 다른 나라 팩트체커의 검증대상에 한국과 관련된 내용이 심심찮게 등장하고 있다는 점입니다.

2020년 9월 초 AFP통신의 팩트체커팀이 흥미로운 검증을 했는데요. 다름 아닌 한국의 시위 동영상이었습니다. 이 영상은 프랑스 등 유럽에서 많이 공유됐는데요. 한국의 시민들이 코로나19로 인한 정부의 이동제한 조치에 항의하는 의미로 서울 광화문 광장에 모여 대규모 집회를 한다는 내용이었습니다.

그런데 여기에 등장한 영상이 사실과 달랐는데요. 프랑스 팩트체커팀은 우선 구글 이미지 검증 등을 통해 영상의 원본 여부를 검증했는데 이 영상이 2020년 영상이 아니라 2019년 10월 3일에 촬영된 영상이라는 것을 밝혀냅니다. 그리고 당시 영상은 코로나와 무관하게 지난해 조국 법무장관 임명철회를 요구하는 보수단체의 시위 영상이라는 것도 밝힙니다.

흥미로운 점은 여기에서 멈춘 것이 아니라 다양한 근거자료를 취합했는데요. 당시 시위대의 집회영상에서 교보빌딩의 광화문 글판을 찾아냅니다. 그리고 구글 지도를 통해 교보빌딩 위치가 광화문과 바로 인접해 있음을 확인합니다. 다시 광화문 글판에 대해 검색을 통해 밝히는데요. 당시 영상에 등장하는 문구는 "나뭇잎이 벌레 먹어서 예쁘다. 남을 먹여가며 살았다는 흔적은 별처럼 아름답다"는 이생진의 〈벌레먹은 나뭇잎〉으로 게시기간이 2019년 9월2일부터 2019년 11월 30일이라는 것을 확인합니다. 결국 이 영상이 코로나와 무관하다는 것을 다양한 단

AFP 통신이 검증한 광화문 집회

서를 통해 검증한 것입니다.

2016년 미국 대선 당시에도 한국 관련 이슈가 검증된 바 있습니다. 당시 도널드 트럼프 후보가 선거를 치르면서 주한미군의 한국 주둔이 국익에 도움이 되지 않는다는 발언을 여러 차례 공개적으로 했습니다. 이른바 '안보 무임승차론'입니다. 이에 대해 폴리티팩트가 트럼프 주장은 사실과 다른 거짓이라고 판정했습니다.

폴리티팩트는 트럼프의 발언을 조목조목 반박하면서 "2014년 한국의 방위비 분담금은 미국 분담금의 30%를 넘는다"고 주장했습니다. 또 "미군이 주둔함으로써 미국의 상품을 구매하는 국가들을 보호하는 셈"이라는 군사전문가 랜스 잰다 교수의 평가도 소개했습니다. 경제적 분담금뿐 아니라 주한미군의 전략적 의미도 트럼프 주장이 틀렸음을 밝힌 것입니다.

비슷한 시기 미국 워싱턴포스트 팩트체커팀은 공화당 대선 예비주자였던 테드 크루즈 발언에 대해 새빨간 거짓이라는 피노키오 네 개를 부여했습니다. 크루즈가 "클린턴 행정부가 북한에 대한 국제사회의 제재를 완화해 북한이 핵무기를 개발했고, 그로 인해 지금은 수소폭탄을 가질 수 있다는 (북한의)과대망상적 조울증과 직면해 있다"고 주장한 것을 거짓이라고 판정한 것입니다. 철저한 검증을 거친 팩트체커 팀은 크루즈가 1994년 제네바에서 있었던 미국과 북한의 핵동결협약the Agreed Framework과 이란의 핵협상을 뒤섞어 사실관계 자체가 틀렸을 뿐 아니라, 오바마 행정부의 대이란 협상 수석대표와 클린턴 행정부의 대북 수석

대표를 혼동하는 등 잘못된 표현을 썼다고 주장했습니다.

팩트체크계의 조상으로 불리는 스놉스도 한반도 관련 이슈를 검증한 적이 있는데요. 2018년 1월에 검증한 사례인데 내용은 소셜 미디어에 등장한 사진의 진위여부였습니다. 북한 김정은 국무위원장이 도널드 트럼프 미국 대통령을 비판한 책《화염과 분노》를 읽으면서 환하게 웃는 모습이 소셜 미디어에 떠돌았습니다. 스놉스는 이를 검증한 결과 사진을 합성한 것임이 판명 났다고 밝혔습니다. 스놉스는 "김정은 위원장이 2015년 평양 대경김 가공공장을 현지 지도하는 모습을 찍은 것이며 합성사진은 얼굴 부분만 확대한 뒤《화염과 분노》책을 합성한 것"이라고 밝혔습니다.

이처럼 한반도 이슈나 국내에서 벌어지는 각종 사건이 이제는 국내에만 머물지 않습니다. 때론 물 건너 유럽으로 건너가 한국의 이미지를 훼손하는 쪽으로 악용되기도 하는 것입니다. 언론은 물론이고 소셜 미디어에서 생산되는 다양한 콘텐츠의 사실성과 검증이 더욱 중요해지는 시대가 된 것 같습니다.

나가며

이제 마무리를 해야 할 시간입니다. 필자는 왜 자타공인 팩트체크 전도사가 되었을까요.

지금부터 이와 관련된 조금은 개인적인 얘기를 해보려 합니다.

제가 처음 팩트체크 저널리즘에 대해 관심을 갖게 된 것은 2014년이었습니다. 당시 한국 언론은 바닥까지 추락 중이었습니다. 세월호 참사의 대형 오보와 이어진 선정적인 보도경쟁 등으로 저널리즘의 본령은 실종되고, 신뢰도는 추락했습니다. 이런 분위기 탓인지 개인적으로도 상당히 자괴감을 느끼던 상황이었습니다.

그런 와중에 미국 듀크대학교의 미디어펠로라는 1년짜리 연수과정을 시작했습니다. 다행스럽게 제가 속한 프로그램은 제법 알찼습니다. 특강도 자주 듣고, 같은 프로그램에 참여한 여러 나라 출신의 언론인들과 이런저런 모임과 토론도 했습니다. 거기에 더해 개인적으로는 학부생들의 수업도 청강했습니다. 부족한 영어실력으로 학부생들이 듣는 저널리즘 관련 수업을 들었습니다.

이 과정에서 정치부 기자출신이자 미국의 3대 팩트체크 기관인 폴리티팩트 설립자인 빌 어데어 교수를 만났습니다. 수업을 거의 한 번도 빠지지 않고 청강을 하는 정성(?)이 갸륵했던지 따로 얘기할 기회도 종종 생겼습니다. 필자는 한국에서의 기자 경험을 얘기하고, 어데어 교수는 미국에서 자신의 기자생활에 대해 얘기했습니다. 이런 관계가 쌓인 덕분에 어데어 교수로부터 2014년 런던에서 처음 열리는 국제컨퍼런스인 제1회 글로벌 팩트체킹 서밋에 함께 참여해보는 게 어떻겠느냐는 제안을 받았습니다. 당연히 수락했습니다.

그해 6월 런던의 한 조그마한 강의실에서 세계 여러 나라에서 온 팩트체커들과 언론인들을 만났습니다. 참석자들의 공통된 관심사는 팩트체크 저널리즘이었습니다. 정치인들의 거짓말을 그대로 옮겨 적는 "그가 말했다." "그녀가 말했다."라는 식의 '따옴표 저널리즘'를 탈피해야 한다는 얘기가 쏟아졌습니다. 각 국의 다양한 사례도 소개했고 어려움에 처한 다른 팩트체커들의 고민에 귀를 기울였습니다. 해법도 모색했습니다.

제1회 글로벌 팩트체킹 서밋 당시 수료증. 당시 참석자가 60명이 안 돼 수료증을 받은 사람은 전세계에 50여명에 불과하고 국내에서는 필자가 유일하게 참석해 수료했다. 수료증은 제2회 서밋까지만 발급했다.

"유레카!! 바로 이것이구나."

필자가 2014년 런던의 조그마한 강의실에서 느낀 것이 바로 그것입니다. 만약 연수를 마치고 귀국해 기자생활을 지속하게 된다면 내가 해야 할 일이 바로 팩트체크 저널리즘을 소개하고 전파하는 것이라고 다짐했습니다. 연수는 끝났고 귀국하게 됐습니다. 당시만 해도 팩트체크 저널리즘에 관한 국내의 관심과 고민은 걸음마에 가까웠습니다. 귀국한 뒤 대학교수와 언론인 등 관심 있는 사람들을 만나보고 어떻게 함께할 수 있을지 고민했습니다. 처음에는 제가 직접 팩트체크를 하는 방안을 모색했지만 여러 사정들이 겹치면서 어렵게 됐습니다.

그렇다고 포기할 수는 없었습니다. 직접 팩트체커로 활동하기 어렵다면 팩트체크 저널리즘을 전파하는 역할을 하자고 다짐했습니다. 귀국한 뒤에도 해마다 해외에서 열린 글로벌팩트체킹 서밋에 참가한 것도 이런 배경 때문입니다. 그 경험과 고민을 지면을 통해 기사로 쓰고, 다양한 사람들과 만나 의견을 나눴습니다. 경험과 고민을 담아 2017년 말에는 《팩트체킹》이라는 책도 출간했습니다. 책을 내면서 더욱 많은 만남과 소통이 이뤄졌습니다. 특강과 기고, 토론회 등을 통해 국내에 제대로 된 팩트체크 저널리즘이 뿌리내리는 것이 매우 중요하다는 공감대를 형성했습니다. 그렇게 수년이 흘렀습니다. 듀크대 시절부터 치면 7~8년이 흘렀습니다.

이제 국내에서 팩트체크 저널리즘의 저변은 매우 넓어졌습니다. 팩트체크가 뭔지를 모르는 사람이 거의 없을 정도입니다. 오히려 팩트체크와 전혀 상관없는 기사나 상업광고에도 팩트체크가 등장할 정도로 이제는 오(남)용을 걱정해야할 정도가 됐습니다.

이런 분위기 조성에 정치권도 일조했습니다. 중요한 선거 때는 물론이고 일상적으로 팩트체크라는 용어를 쓰고 있습니다. 선거 때는 팩트체크라는 이름으로 공방을 벌이기 일쑤입니다.

학계에서도 팩트체크 저널리즘에 대한 다양한 연구가 이어지고 있습니다. 언론계에서는 SNU팩트체크센터에 가입한 31개 회원사가 왕성한 활동을 하고 있고, 2020년 말 시민들이 직접 참여하는 팩트체크넷이 출범하기도 했습니다. 외형적으로는 그야말로 괄목상대할 만한 변화가 이뤄졌습니다.

놀랍기도 하고 뿌듯하기도 합니다. 하지만 내용적인 측면에서는 여전히 아쉬움이 적지 않습니다. 팩트체크 저널리즘이 구현하려 하는 원칙을 얼마나 지켜내고 있는지 의문일 때가 많습니다.

간단한 예로 팩트체크 원칙 가운데 조사는 발언한 당사자로부터 시작한다는 대목이 있습니다. 여기에는 나름 이유가 있습니다. 당사자가 자신의 발언이 팩트체크 되고 있음을 알게 해 주는 측면이 있고, 발언한 사람이 가장 많은 자료와 증거를 갖고 있을 가능성도 배제할 수 없습니다. 여기에 검증대상이 되는 사람에게 해명이나 반박의 기회도 제공하는 측면이 있습니다.

그런데도 국내 팩트체크 보도에서 조사의 출발을 발언자로부터 삼는 경우는 찾아보기 힘듭니다. 정치인들이 주로 검증대상에 오르는데 이로 인해 괜히 불편해지기 싫은 측면이 커 보입니다. 정직하고 개방적인 수정이라는 대목도 마찬가지입니다. 팩트체크 역시 인간이 하는 일인 만큼 오류가 있을 수 있습니다. 오류가 발견되면 공개적이고 즉각적으로 수정하는 것이 원칙입니다. 이런 원칙이 잘 지켜지고 있는지도 의문입니다.

이 외에도 팩트체크를 정통저널리즘과 구분 짓게 하는 중요한 요소인 사실여부에 대한 '판정'에서도 국내 현실은 지나치게 조심스럽습니다.

팩트체크 저널리즘은 정통 저널리즘에서 얘기하는 절대적 객관주의를 허물고 뛰어넘으려는 시도입니다. 절대적인 객관성을 핑계로 옳고 그름에 대한 판정을 미루는 것이 아니라 적극적으로 사실관계에 개입해 참과 거짓을 구분 짓는 방식을 채택하고 있기 때문입니다.

기계적 중립을 지키며 양측 입장을 전달만 하는 것이 아닙니다. 적극적이고 심층적인 취재와 검증을 통해 최종판단까지 공개하게 되면서 독자들은 한층 더 직관적인 이해가 가능해지는 것입니다. 그런 문제의식과 가치에서 출발했고 그 때문에 수년 사이에서 전 세계적으로 많은 관심과 지지 속에서 빠르게 확산되며 각광을 받고 있는 것입니다.

그런 측면에 비춰보면 국내에서는 팩트체크 저널리즘을 또 하나의 새로운 테크닉 정도로 인식하는 경향이 적지 않습니다. 저널리즘의 본령을 되찾으려는 가치와 철학이라는 문제의식은 생략하고 최근 유행하는 사조라며 기능만 수입하는 식입니다.

연대와 협업에 대한 태도나 문제의식도 마찬가지로 보입니다. 국내에서는 팩트체크 기관이나 조직들 사이에 협업이 거의 없습니다. 여전히 경쟁상대입니다. 국외로 눈을 돌리면 연대와 협업이 매우 일상화돼 있습니다. 팩트체커들의 커뮤니티에는 검증하고자 하는 팩트체크 대상을 올리고 여러 나라의 팩트체커에게 자문하는 경우가 심심찮게 올라옵니다. 이를 읽은 수많은 팩트체커들 가운데 자신이 알고 있는 정보나 자료가 있는 경우 성실하게 공유해줍니다.

2020년 코로나19 상황이 심상찮게 진행되자 전 세계 팩트체커들은 발빠르게 대응하면서 연대와 협력을 모색했습니다. 전 세계 70개 나라의 100명의 기자 및 팩트체커들이 힘을 모았고 그 결과 1년 동안 1만건이 넘는 코로나 허위 정보를 가려냈습니다. 40개가 넘는 서로 다른 언어로 활동했지만 언어의 장벽은 큰 문제가 아니었습니다. 오로지 경쟁과 속보, 단독 등에만 익숙한 국내 언론계의 현실에서는 좀처럼 찾아보기 힘든 모습입니다. 깊은 성찰이 필요해 보입니다.

가짜뉴스와 팩트체크를 주제로 한 특강을 통해 여러 사람들을 만나면서 제가 자주 들었던 얘기 가운데 하나가 "구체적으로 적용할 수 있는 팁을 풍부하게 제시해주면 좋겠다"는 얘기였습니다. 여러모로 부족하지만 이번 책을 준비하게 된 배경이 여기에 있습니다.

앞서 빌 어데어 교수와의 인연을 소개한 바 있습니다. 어데어 교수는 필자와 만나 팩트체크와 저널리즘의 관계, 그리고 이를 통한 미디어 신뢰를 회복하는 것이 왜 중요한 것인지에 대해 여러 차례 강조했습니다. 그 중 일부분을 소개하면 다음과 같습니다.

"한국과 마찬가지로 미국의 많은 언론인들(저널리스트) 역시 정치인에 대한 팩트체크를 꺼리는 경우가 많습니다. 이유는 간단합니다. 정치인들을 화나게 하고 불편하게 만들고 싶지 않기 때문입니다. 이는 저널리즘의 불행한 현실이라 생각합니다. 정치인들은 이

제 단순한 비판기사에는 만성이 됐습니다. 그래서 팩트체크가 필요한 것입니다. 무엇이 진실이고 무엇이 거짓인지 간단명료하게 보여줘야 합니다. 팩트체크는 굉장히 어렵고 힘든 저널리즘 영역입니다. 갈수록 환경은 복잡해지고 있습니다. 따라서 보다 명료한 결론을 보여줘야 합니다. 팩트체크는 미디어에 대한 독자와 수용자들의 신뢰를 회복시키는 데 도움을 준다고 믿습니다."

어데어 교수는 달라진 미디어 환경에 대해서도 다음과 같이 설명했습니다.

"인터넷의 발전은 지금 중요한 국면을 맞고 있습니다. 과거에는 인터넷과 저널리즘이 우호적 관계를 유지해왔습니다. 그러나 오늘날의 발전된 인터넷은 잘못된 정보를 퍼뜨릴 수도 있습니다. 디지털 시대에 인터넷을 공공의 이익을 실현하는 도구이자 민주주의 사회의 시민들에게 필요한, 중요한 정보를 제공하는 도구로 활용하는 일이야말로 이 시대 언론인들의 책무입니다."

온라인을 통한 허위 정보, 가짜뉴스가 넘쳐나는 지금 상황에 꼭 필요한 조언이 아닐 수 없습니다. 특강을 할 때 자주 소개하는 언론계의 금언이 있습니다. '의견은 자유롭지만 사실은 신성하다'라는 글귀입니다. 나아가 저는 "팩트에 정직하고 진실에 겸손하자"고 조심스럽게 제안해 봅니다.

※ 이 책은 한국언론진흥재단의 정부 광고 수수료를 지원받아 제작되었습니다.

슬기로운 팩트체크

1판 1쇄 발행 2021년 11월 25일

1판 2쇄 발행 2022년 11월 11일

지은이 정재철 **펴낸이** 이재유 **디자인** 유어텍스트

펴낸곳 무블출판사 **출판등록** 제2020-000047호(2020년 2월 20일)

주소 서울시 강남구 언주로 647, 402호(우 06105)

전화 02-514-0301 **팩스** 02-6499-8301 **이메일** 0301@hanmail.net **홈페이지** mobl.kr

ISBN 979-11-91433-41-8 (03000)